collection dirigée par Gilbert PY

FORMATION DES PERSONNELS
DE L'ÉDUCATION NATIONALE

Parler ensemble en maternelle

La maîtrise de l'oral, l'initiation à l'écrit

Agnès Florin
Professeur de psychologie
Université de Nantes

Cette collection entend accompagner l'effort des pouvoirs publics qui accordent une priorité à l'éducation et à la formation des jeunes.

Elle vise à apporter aux personnels de l'Éducation nationale les informations dont ils ont besoin pour que leur pédagogie soit en accord avec les évolutions économiques, technologiques, sociales et culturelles. Elle s'inscrit dans la perspective de rénovation du système éducatif en apportant aux personnels concernés les compléments de formation indispensables à leur pratique professionnelle d'aujourd'hui.

Cette collection concerne donc à la fois le premier et le second degrés dans un souci de cohérence et de complémentarité. Elle poursuit trois objectifs :
– actualiser les connaissances dans une discipline et dans un secteur particulièrement sensible aux changements (technologies nouvelles, enseignements techniques et scientifiques, sciences humaines, ingénierie éducative, management et communication, etc.) ;
– aider à la promotion interne des personnels par une préparation aux concours ; perfectionner les compétences ; adapter à l'emploi ;
– permettre à chacun d'être informé et acteur des progrès qui impliquent l'ensemble des fonctions des personnels de l'Éducation nationale quelle que soit sa situation.

Gilbert PY, agrégé de l'Université et Docteur ès lettres, a exercé successivement des fonctions d'enseignement, de direction et d'inspection avant d'être chargé d'une mission d'inspection générale puis nommé, en avril 1994, chef de la Mission académique de la formation des personnels de l'Éducation nationale à Paris.

Dans la même collection

- *Enseigner aujourd'hui à l'école maternelle*, par Marie-Claire ROLLAND.
- *L'audiovisuel pour l'école*, par Jean-Pierre DUDÉZERT.
- *Les nouveaux documentalistes*, par Françoise LEBLOND.
- *Enseigner au cycle II*, par Claudette CHARASSE et Françoise HEUDE.

La loi du 11 mars 1957 n'autorise que les "copies ou reproductions strictement réservées à l'usage privé du copiste et non destinées à une utilisation collective". Toute représentation ou reproduction, intégrale ou partielle, faite sans le consentement de l'éditeur, est illicite.

© COPYRIGHT 1995

EDITION MARKETING
EDITEUR DES PREPARATIONS
GRANDES ECOLES MEDECINE
32, rue Bargue 75015 PARIS

ISBN 2-7298-9595-7

INTRODUCTION

Trois ou quatre ans d'école maternelle : c'est ce qui est offert aux enfants de 2 à 4 ans en France, et largement utilisé par les familles, puisque la quasi-totalité d'entre eux est scolarisée à 3 ans et une proportion croissante à partir de 2 ans. Remarquable succès pour ce mode d'accueil, dont l'originalité et la qualité ont été largement soulignées de par le monde. En effet notre système « préscolaire » (puisque c'est ainsi que l'on désigne l'accueil des enfants avant la scolarité obligatoire) est à peu près le seul à combiner les caractéristiques suivantes : mode d'accueil gratuit pour les familles, système organisé nationalement, dans un cadre d'enseignement et non pas dans un cadre social, avec un personnel enseignant spécialement formé comme celui de l'école primaire. Ces caractéristiques, auxquelles s'ajoutent des qualités d'innovation souvent soulignées et largement diffusées par les associations professionnelles expliquent la scolarisation massive plusieurs années avant l'âge de la scolarité obligatoire.

Les trois ou quatre années que les enfants passent ainsi dans ce cadre correspondent à un développement important de leurs capacités, et ceci dans tous les domaines : moteur, social, cognitif et peut-être surtout langagier : on pourrait dire que l'école maternelle prend ainsi les enfants au sortir de leur période « puériculture » pour les conduire vers leur activité d'élève. Bien qu'il soit difficile de distinguer exactement ce qui revient aux proces-

Introduction

sus de développement eux-mêmes et ce qui peut être imputé à l'école, il est certain que celle-ci contribue à modeler ce développement dans ses multiples aspects, par les stimulations qu'elle offre, les échanges qu'elle permet et les règles qu'elle enseigne.

Tous les domaines du développement sont concernés et l'école maternelle considère l'enfant dans sa globalité. Mais le langage nous paraît avoir une place spéciale dans cette période, et ceci à plusieurs points de vue :
– il progresse considérablement entre l'âge de 2 ans – période des énoncés le plus souvent très brefs, relativement incompréhensibles chez beaucoup d'enfants, syntaxe encore balbutiante, etc. – et l'âge de 6 ans, âge auquel les bases de la langue peuvent être considérées comme acquises, même si d'importantes différences interindividuelles existent, ce qui ne constitue pas la moindre des difficultés pour les enseignants ;
– il est à la fois objet et moyen d'enseignement, puisque, pour une large part, la transmission pédagogique va passer par le langage oral, progressivement accompagné d'écrit ;
– il est un outil privilégié que l'enfant va découvrir pour communiquer avec son entourage, pour apprendre et représenter le monde, pour organiser les concepts et les mettre en relation, pour être reconnu d'autrui.

En outre, de sa maîtrise dépend pour une part la réussite scolaire ultérieure, voire plus tard une certaine réussite sociale, dans la mesure où le langage, y compris le langage oral, est un instrument d'organisation du réel et éventuellement une forme de pouvoir, ainsi que nos hommes politiques, par exemple, l'ont bien compris, eux qui s'exercent à son maniement pour mieux assurer leur audience personnelle.

Notre propos dans cet ouvrage est de donner aux enseignants en formation initiale ou continue et aux personnes s'occupant de l'éducation des jeunes enfants quelques outils pour mieux comprendre les aspects multiples du développement langagier et mieux aider les jeunes enfants dans leur conquête de cet instrument privilégié de communication et de représentation, notamment dans le cadre scolaire.

Notre objectif est d'articuler tout à la fois les connaissances issues de la recherche scientifique dans différentes disciplines, les objectifs pédagogiques de l'école et les pratiques du langage dans le cadre scolaire. Il n'y a pas de pratique pédagogique ou éducative sans théorie de référence et il

Introduction

nous paraît important que le lien entre les deux soit explicite, ne serait-ce que pour être au clair dans la pratique quotidienne, prendre en compte le caractère éventuellement provisoire de certains cadres théoriques ou apprécier l'utilité des « recettes » toutes faites. C'est pourquoi nous avons tenu à présenter une bibliographie assez large, en recherchant en priorité des références en langue française, mais sans exclure des textes en langue anglaise : la recherche a des dimensions internationales et ce serait mépriser les enseignants que de vouloir leur éviter des lectures dites « de spécialistes » ; ils doivent pouvoir aller eux aussi à la rencontre de textes fondamentaux ou illustratifs d'un point particulier, plutôt que de s'en remettre uniquement à des relectures sélectives et pas toujours actualisées. C'est encore le meilleur moyen pour éviter de tomber dans le piège des recettes toutes faites ou des pédagogies-miracle, vendues « clés en main » et sans procédure sérieuse d'évaluation.

Le but de cet ouvrage est de répondre aux questions suivantes :

■ Quels sont les objectifs de l'école maternelle, particulièrement dans les domaines du langage oral et écrit ? En quoi ont-ils évolué depuis la fin des années 70 (orientations de 1977, circulaires de 1986, loi sur l'Éducation de 1989, textes plus récents sur la maîtrise de la langue, nouvelles orientations pour l'école maternelle rendues publiques à la rentrée 1994-95) ?

■ Quels sont les apports de la recherche dans le domaine du langage ? Au-delà de la théorie des dons ou du handicap socioculturel, quels sont les acquis de différentes disciplines (psychologie, linguistique, philosophie du langage, neuropsychologie, ergonomie de la communication) ? Quelles sont les différentes approches et leurs applications : les acquis théoriques, les sujets de controverses et les hypothèses pour demain ?

■ Quelles sont les pratiques du langage proposées par l'école maternelle ? Quels sont les partenaires de l'enfant, les objectifs, le rôle et les difficultés des enseignants, la nature de la participation enfantine et ses difficultés ? Quelles sont les conséquences de ces fonctionnements sur le devenir scolaire des enfants ?

■ Quelles activités mettre en œuvre ou imaginer en fonction des objectifs à atteindre pour la maîtrise de l'oral et l'initiation à l'écrit ? Comment prendre en compte la diversité des enfants dans la classe ?

Introduction

Quel est le sens des activités proposées pour les différents partenaires – adultes et enfants ?

L'originalité de cet ouvrage tient à ce que :
– on considère à la fois trois dimensions de la question étudiée : les objectifs ministériels, les résultats de la recherche internationale et les pratiques scolaires ;
– les pratiques scolaires sont analysées à partir de centaines d'observations d'activités quotidiennes et des analyses de conversations réelles sont proposées ;
– les pistes de travail suggérées ont été expérimentées en maternelle, dans différentes écoles, avec différents niveaux d'âge, y compris en zones d'éducation prioritaire, et leurs effets appréciés, voire mesurés ;
– si les activités langagières sont bien le centre de gravité de l'ouvrage, elles ne sont pas dissociées des fonctions psychologiques, ni limitées à l'école maternelle ; elles sont intégrées dans une perspective développementale, en considérant à la fois les acquis des enfants avant leur scolarisation en maternelle et leur devenir scolaire ;
– l'enfant n'est pas limité à son rôle d'élève, mais il est considéré comme membre d'une communauté, inséré dans différents lieux de vie, en interaction avec différents partenaires (parents, famille au sens large, autres adultes et autres enfants).

L'originalité de l'ouvrage tient aussi au fait qu'une attention particulière est accordée **au langage oral et à la pédagogie de l'oral**. Il y a à cela plusieurs raisons :

■ L'oral constitue l'aspect essentiel du développement langagier pendant la période du développement et de la scolarisation concernée, il correspond à l'ensemble du cycle 1 et à la première année du cycle 2. L'entrée dans le langage écrit proprement dit se situe plutôt au-delà, pour la majorité des enfants.

■ Mais c'est aussi un choix, justifié par la place particulière qui doit, selon nous, être accordée au langage oral, du point de vue du développement et de la pédagogie. L'oral est trop souvent conçu comme la phase préparatoire à l'écrit, et travaillé en ce sens. Certes, il l'est, mais il n'est pas que cela : il a ses règles et son fonctionnement propre, il ne joue pas les mêmes fonctions que l'écrit dans les relations sociales ; il est donc à construire et à travailler en tant que tel. Un certain nombre

Introduction

d'écoles spécialisées, concernant des niveaux d'âge bien supérieurs à ceux qui nous intéressent ici, et destinées à former des professionnels dans différents secteurs du travail, l'ont compris depuis longtemps et ils ont conçu pour l'oral une formation spécifique. Certes, leurs objectifs sont très éloignés de ceux de l'école maternelle, mais examinons autour de nous la place de l'oral dans la vie quotidienne, dans les relations sociales en général, et nous comprendrons mieux son importance à la fois dans nos communications et notre représentation du monde. Ce faisant, nous percevrons aussi les différences de maîtrise du langage oral, tant chez les adultes que chez les enfants : clarté et efficacité des actes de communication, diversité lexicale, complexité syntaxique, etc.

Or une véritable pédagogie de l'oral n'existe pas, elle est à élaborer, pour les premiers niveaux de la scolarisation notamment, dans la mesure où les comportements langagiers à l'oral se construisent précocement et constituent des prédicteurs d'autres comportements et niveaux de réussite scolaires. Nous espérons que cet ouvrage pourra y contribuer.

Le premier chapitre est consacré à une lecture des objectifs de l'école maternelle et de leur évolution au cours des dernières décennies, principalement en ce qui concerne les activités de langage.

Les trois chapitres suivants rendent compte de résultats de recherches françaises et étrangères sur l'acquisition du langage :
■ **Le chapitre deux** examine les conditions de cette acquisition, ses étapes et les processus cognitifs sous-jacents.
■ **Le chapitre trois** est centré sur les cadres explicatifs des différences interindividuelles dans les conduites langagières, et sur le rôle des partenaires dans l'apprentissage de ces conduites.
■ **Le chapitre quatre** fait le point sur les pratiques du langage à l'école maternelle, les difficultés des interlocuteurs, il propose une réflexion sur la manière de concilier les objectifs académiques et la diversité des enfants.

Le chapitre cinq développe une synthèse d'éléments importants, dégagés des chapitres précédents, à partir desquels sont présentées des pistes de travail pour les activités de langage à l'école maternelle.

Les remarques finales de **la conclusion** sont destinées à élargir la perspective, dans une réflexion sur les articulations entre langage et culture.

Introduction

Ce livre doit beaucoup à mes collègues enseignantes et enseignants de maternelle, qui ont accepté mes observations dans leur classe, et à des membres de réseaux d'aide qui ont alimenté la réflexion en commun. Remerciements particuliers à Suzy, Jacqueline, Sylvette, Nicole, Corinne, Philippe, Joël, Alain, Josiane et Francette.

Merci aussi à ceux qui ont pris le temps de relire des chapitres de cet ouvrage et me faire part de leurs suggestions, ainsi qu'à mes étudiants de l'Université de Nantes qui ont bien voulu réagir à une partie de ce travail.

Merci enfin aux enfants de nombreuses écoles maternelles qui sont au cœur de ce travail.

CHAPITRE 1

Les objectifs de l'école maternelle

La particularité de l'école maternelle par rapport aux autres niveaux de la scolarité en France est qu'il s'agit d'une école sans programme, au sens de liste de notions ou de savoirs précis définis comme devant être enseignés pour chaque année d'enseignement. Mais ceci ne signifie pas pour autant que des contenus plus ou moins détaillés ne soient pas fixés. On parle plutôt d'orientations ou d'objectifs pour l'école maternelle, bien qu'en fait on désigne par là des éléments de moins en moins éloignés, au fil des ans, de la notion de programme. Mais le refus du terme par certains milieux de l'école maternelle ne s'explique pas vraiment par des réticences à fixer des contenus d'enseignements et des progressions, pratique largement répandue chez les enseignants ; il s'agit plutôt de craintes relatives à des exigences trop élevées vis-à-vis de jeunes enfants et à des moyens de contrôle que certains parents férus d'apprentissages précoces pourraient ainsi exercer, afin de vérifier si leurs chers petits ont bien parcouru tout le programme au cours de l'année.

Ces objectifs ont évolué beaucoup plus au cours des vingt dernières années que pendant le demi-siècle précédent, et les changements correspondants sont le reflet à la fois de l'évolution rapide de nos conceptions de l'enfance, de nouvelles exigences sociales en matière de formation et de transformations sociales plus larges, comme on va le voir, en insistant plus particulièrement sur le domaine qui nous préoccupe ici, à savoir la maîtrise de la langue.

1 L'après 68 et les idées libertaires : les orientations de 1977

1. Le rôle traditionnel de l'école maternelle

Les finalités d'un enseignement du langage à l'école maternelle ont été affirmées très tôt, dès la généralisation et la structuration (en 1881) de ce niveau d'enseignement : exercices de langage, premiers éléments de l'écriture et de la lecture ; les objectifs se situaient clairement par rapport à l'enseignement de l'école primaire, qui, à l'époque, accueillait les enfants à partir de l'âge de 7 ans :

> Les directrices devront se préoccuper moins de délivrer à l'école primaire des enfants déjà fort avancés dans leur instruction que des enfants bien préparés à s'instruire. (Arrêté du 28 juillet 1882)

Dès sa création, l'école maternelle se voyait attribué globalement le même rôle éducatif que celui que nous lui connaissons aujourd'hui, qui n'est pas sans ambiguïté, comme le souligne Py (1993) : ni garderie, ni école maternelle ; respect du jeune enfant, distance à l'égard d'exercices trop scolaires, place importante donnée au jeu, pédagogie favorisant l'épanouissement de l'enfant. Bien que l'école maternelle se soit modifiée au cours des dizaines d'années suivantes (accueil d'enfants de groupes sociaux plus diversifiés du fait de la moins grande réticence à son égard de la part des milieux privilégiés, modification de la représentation des enfants et de l'organisation de leur temps de présence à l'école), ces textes fondateurs sont restés en vigueur fort longtemps, jusqu'à la présidence de Valéry

Giscard d'Estaing, puisqu'il faut attendre la loi du 11 juillet 1975 sur l'éducation et la circulaire d'orientations propres à l'école maternelle (2 août 1977) pour une redéfinition de la vocation de celle-ci :

> Sans rendre obligatoire l'apprentissage précoce de la lecture ou de l'écriture, la formation qui y est dispensée favorise l'éveil de la personnalité des enfants. Elle tend à prévenir les difficultés scolaires, à dépister les handicaps et à compenser les inégalités. (Extrait de l'article 2 de la loi de 1975)

Éveil de la personnalité, prévention, dépistage et compensation deviennent les termes clés bien qu'assez généraux.

2. Les objectifs de 1977

Dans les orientations de 1977, le langage est considéré comme un aspect relativement secondaire du développement, comparé à l'affectivité ou à l'action et à l'expression corporelle :

> Le langage oral a pendant longtemps été considéré comme le seul point de départ possible des interventions éducatives. Il n'intervient en fait que progressivement pour accompagner l'action, en intérioriser et en coordonner les résultats, en anticiper le souvenir sur l'avenir, l'évaluer, le conforter enfin en lui assurant une syntaxe et une cohérence indispensable à la construction et la manifestation de la personnalité.

Il n'apparaît par conséquent qu'en sixième et avant-dernière position dans les objectifs de l'école maternelle, après :
1. l'affectivité (« le véritable moteur du développement ») ;
2. le corps
   A la fois origine et instrument du développement des possibilités d'expression, de communication, il incarne l'actualisation des aptitudes spécifiquement humaines à des activités de fabrication et de construction. Il se trouve également lié au surgissement de signifiants de tous ordres, des premières formes de l'expression et de la compréhension artistiques...
   le mouvement, l'action ;
3. l'expression vocale, la musique ;
4. l'expression plastique ;
5. l'image, les représentations iconiques ;

et juste avant :

7. le développement cognitif, bon dernier.

Le lecteur découvre avec étonnement dans la circulaire que les objectifs sont « classés dans un ordre qui suit, de manière très approximative, le développement génétique ».

La circulaire de 1977 exprime l'intérêt des administrateurs de l'école des années 1970 pour les sciences humaines en général et la psychologie en particulier. L'utilisation de concepts comme « schéma corporel », « langages infra verbaux », « affirmation du Moi », « actions du stade opératoire », « vision syncrétique du monde », « objectifs d'ordre sémiologique », etc., est significative de cette tendance ; les enseignants ne devront plus seulement acquérir quelques « lumières » en psychologie, mais devront devenir des quasi-spécialistes de cette science...

La circulaire exprime également quelques-uns des enthousiasmes de 1968 pour l'expression de la personnalité, l'affectivité, la créativité... La spontanéité créatrice de l'enfant est hautement valorisée : par ses dessins et ses peintures notamment, il participe avec d'autres groupes (voir aussi les références à l'art des malades mentaux, à l'art dit primitif, etc.) à un art non académique, dans un mouvement esthétique plus large qui bouscule les valeurs traditionnelles. Cette nouvelle perception des productions de l'enfant implique un rapport aux sciences et à la culture qui échappe largement aux parents des classes les moins privilégiées. La pédagogie va cependant s'en inspirer grandement pendant une dizaine d'années ; mais les difficultés économiques, puis le changement de pouvoir politique en 1981, mettront en avant d'autres perspectives, préoccupations, priorités.

Plus loin dans le texte, on apprend que :

> Le langage ne s'enseigne pas, on le sait, mais se construit par un effort personnel et permanent de l'enfant, qui discrimine dans les « modèles » adultes les mots nécessaires à l'expression de ses désirs ou manifestant ses options.

On peut penser que les auteurs du texte, tout en étant au fait des approches sociolinguistiques telles celles de Bernstein et de Labov et des débats entre ces deux orientations, se sont inspirés des théories innéistes de Chomsky (1965), effectivement à l'honneur chez les psychologues français dans les années 1960-70. Selon cette théorie, l'enfant a des compétences innées lui permettant d'apprendre une langue ; il suffit que l'entourage lui fournisse des « modèles linguistiques » qu'il puisse traiter, pour qu'il parvienne à élaborer la grammaire de sa langue maternelle. Les caractéristiques de ces modèles sont relativement peu importantes, puisque les enfants de culture linguistique très différente apprennent leur langue maternelle.

Priorité est donnée dans la circulaire à des objectifs tels que : (l'enfant doit être capable) « de se manifester par l'intermédiaire de diverses émissions vocales », « de s'exprimer par des mots, groupes de mots, séquences verbales, d'une manière naturelle par emprunts successifs aux modèles adultes ».

Élévation du niveau de formation et préparation des futurs citoyens : les orientations de 1986 — 2

1. Les objectifs de 1986

La circulaire de 1977 a été abrogée par celle du 30 janvier 1986 du ministre socialiste Jean-Pierre Chevènement, sous la présidence de François Mitterrand. En préambule, l'école maternelle est présentée comme intervenant par « une action éducative, conduite dès le plus jeune âge en complément de l'éducation donnée dans la famille ».

Les changements intervenus dans l'école maternelle – accroissement des effectifs, allongement de la durée de préscolarisation (terme emprunté aux anglo-saxons pour désigner la garde des enfants avant la scolarité obligatoire), diversification de l'origine sociale des enfants – sont pris en compte, ainsi que « les évolutions en cours dans la société technologique, et dans la valeur que notre culture confère à l'enfance ». L'essentiel est que « tous puissent s'approprier les connaissances qui leur permettront plus tard de participer à la vie sociale de leur époque ».

Trois objectifs sont définis : scolariser, socialiser, faire apprendre.

Scolariser consiste à donner à l'enfant le sentiment que l'école, donc la maternelle, est faite pour apprendre, qu'elle a ses exigences, qu'elle réserve des satisfactions et des joies propres.

L'enfant doit s'habituer à ce qui ne lui est pas familier : une nouvelle vie, un nouveau milieu, des relations que la famille ne lui permettait pas d'établir ; il doit apprendre à se retrouver dans des lieux inconnus, à juger les activités proposées et à en évaluer les résultats ; il doit également apprendre à se soumettre à des règles conventionnelles, et certains enseignants peuvent voir là un souci de préparation à la discipline de l'école primaire (ce qui peut donner, sous forme de caricature : il faut leur apprendre à se tenir assis pour aller en CP !), tandis que d'autres concevront cet objectif davantage en termes de socialisation et d'apprentissage de la vie en collectivité.

Le deuxième objectif est de **socialiser**, c'est-à-dire « apprendre à l'enfant à établir des relations avec les autres, et à devenir sociable ». On insiste sur les différences culturelles : la socialisation, qui est relative à une société et une culture déterminées, « est acculturation, elle donne accès à une culture » ; mais l'école ne doit pas « enfermer l'enfant dans une seule culture » et les enfants « doivent très tôt prendre conscience de leur culture et percevoir l'existence d'autres cultures ».

Le troisième objectif est de **faire apprendre et exercer**.

Il s'agit que l'enfant, par diverses activités, développe ses capacités de sentir, d'agir, de parler, de réfléchir et d'imaginer, dans le temps même qu'il élargit son expérience, explore le monde et augmente ses connaissances. L'école répond ainsi à son appétit d'apprendre et le stimule toujours.

Démarche et contenu sont jugés tout aussi importants pour définir les activités proposées.

2. Expression et apprentissages

La personnalité est conçue non pas comme « la simple manifestation de la puissance et de l'originalité de l'enfant ; elle est aussi le pouvoir acquis de se donner des règles : en cela elle se caractérise par l'autonomie... Chaque capacité accrue, chaque connaissance nouvelle, chaque expérience réussie est un pas franchi dans la construction de cette autonomie ». Les références à « l'affectivité », qui étaient nombreuses dans le texte de 1977, ont quasiment disparu. Les termes « expression » ou « s'exprimer » qui apparais-

saient plus de quarante fois précédemment, ne sont utilisés ici que six fois. En revanche l'accent est mis sur :
– **les connaissances** que les enfants doivent « conquérir » ou « s'approprier » ;
– **l'apprentissage** : l'école doit « faire apprendre », répondre à « l'appétit d'apprendre » de l'enfant, et stimuler cet appétit ; le maître doit avoir reçu une formation particulièrement solide « à propos de la diversité des modes d'apprentissage et de leur évolution » ;
– **l'intervention active** du maître pour développer les connaissances et les apprentissages : « les enfants ne peuvent tout découvrir seuls, ni tout apprendre des autres enfants » ; l'une des tâches essentielles du maître est « d'assurer la progressivité des apprentissages ».

3. La place du langage

Dans la définition des grands domaines d'activités, le langage ou plutôt les « activités de communication et d'expression orales et écrites » gagnent du terrain par rapport à 1977 et apparaissent ici en seconde place. On peut lire :

> Ces activités ont une importance décisive à l'école maternelle. Le simple usage de la langue pour les besoins de la vie de la classe n'est pas suffisant pour développer le langage, notamment chez les enfants qui parlent peu ou qui semblent déjà accuser des difficultés dans ce domaine. Pour les (enfants) les plus jeunes et pour ceux [...] qui ne s'expriment encore guère, le but du maître est d'obtenir qu'une activité de dialogue s'installe, qu'ils communiquent avec des adultes et d'autres enfants.

On prône « des situations de communication diversifiées », « des actions individualisées, ou faites par de petits groupes ». On conseille aux maîtres de s'appuyer sur « les interactions qui surviennent par le langage entre les enfants », afin de rendre le « travail sur la langue » plus efficace et « d'étendre le pouvoir de communiquer » des enfants.

On ne dit plus, comme en 1977, que « le langage ne s'enseigne pas », mais au contraire qu'il faut « développer le langage ». Les recherches des années 1970 sur la communication du jeune enfant et ses interactions avec les adultes (voir Rondal, 1983, par exemple), celles de la sociolinguistique (Bernstein, 1975 ; Labov, 1976 par exemple) sont prises en compte (voir chapitre 3), ainsi que les réflexions suscitées par la mise en place des ZEP (zones d'éducation prioritaire) : on utilise plus fréquemment que dans la circulaire antérieure les termes « communiquer », « communication », « dialogue », « interactions », « réseaux », accompagnés de l'adjectif « social ». On parle de « travail sur la langue » à partir des interactions ainsi que de « registres » de langues :

> Le maître doit tenir compte également de la nature de la langue utilisée ; cette langue est orale ou écrite, elle correspond à des situations et des intentions différentes, et comporte, de ce fait, divers registres...

Le rôle du maître est de stimuler « l'action de l'enfant (par) des sollicitations multiples, d'(intervenir) pour l'aider à entreprendre, à fournir un effort efficace à ses propres yeux, à tirer parti de ses erreurs comme de ses réussites, à comprendre ce qu'il sait faire et ce qu'il ignore, en prenant soin de le laisser se livrer à des essais, à des détours et à des variations personnelles ».

4. L'évolution depuis 1977

Dans leurs aspects formels également, les textes de 1977 et de 1986 sont très différents. Le premier, très long (environ 15 500 mots), est publié dans le *Bulletin officiel de l'Éducation nationale* et a fait l'objet d'une brochure diffusée par le Centre national de Documentation pédagogique ; le second, près de deux fois plus court, fait également l'objet d'une publication séparée, à large diffusion, selon le souhait du Ministre : il s'agit d'un petit livre de poche disponible en librairie et en kiosque à sa sortie (coédité par le Livre de Poche et le CNDP) qui contient, en outre, une intervention du ministre Chevènement, une histoire de l'école maternelle en France, un texte sur l'éducation préscolaire dans le monde et diverses annexes. Le but explicite de cette présentation est « de rendre plus accessibles les textes qui régissent ce niveau d'enseignement ».

Les deux textes diffèrent également dans leur rédaction. Celui de 1977 est d'une lecture complexe, pour qui n'a pas une solide formation en psychologie, psychanalyse, philosophie de l'éducation et sciences de l'éducation en général, sans compter les références à l'anthropologie, la biologie, l'embryologie, etc. ; les termes savants y sont nombreux. Celui de 1986 est rédigé dans un langage beaucoup plus simple et se veut, selon l'expression du Ministre, « clair et lisible ». Mais si le langage est plus simple, cela ne signifie pas pour autant que les formulations soient plus précises ou moins ambiguës : il s'agit dans les deux cas de textes politiques, fixant des cadres généraux laissant place à des interprétations diverses.

Pourquoi cette évolution de 1977 à 1986 ?

Entre 1977 et 1986, les problèmes économiques et technologiques entraînent une réévaluation à la hausse du niveau culturel moyen nécessaire. L'objectif est d'amener, en l'an 2000, 80 % d'une classe d'âge au niveau bac. Face à cette augmentation des exigences, les problèmes que pose l'échec scolaire massif ne sont pas résolus. En outre se développe à cette époque un large débat international sur l'éducation précoce, l'éducation des parents de milieux défavorisés. Des programmes de remédiation se mettent en place, en particulier dans les pays anglo-saxons, y compris en utilisant la télévision (exemple des programmes Sésame Street, ou similaires). En France, ce débat sera animé notamment par le CRESAS (Centre de Recherches sur l'Éducation Spécialisée et l'Adaptation Scolaire) et se traduira par la création des ZEP. Le lien entre échec scolaire et origine sociale des élèves est largement connu du public grâce aux différents moyens d'information. La nécessité d'une nette amélioration du système éducatif est fréquemment prônée par les responsables politiques, et on fixe à l'Éducation nationale des objectifs en termes de rendement.

Tous les niveaux de l'institution scolaire sont mobilisés et il n'est donc pas étonnant qu'en préambule aux objectifs de l'école maternelle, la circulaire de 1986 assigne à celle-ci un rôle dans l'augmentation des chances de réussite scolaire. Aussi l'accent n'est-il plus mis sur la formation de la personnalité et sur l'expression créative mais sur les apprentissages et sur l'acquisition de connaissances, jugés plus efficaces pour la réussite scolaire future des enfants. Et ceci se traduit dans la présentation de tous les domaines d'activités, y compris le langage, comme nous venons de le voir. Ces préoccupations vont encore être affirmées dans les textes de loi et orientations suivants.

3 La loi de 1989 sur l'Éducation et ses conséquences pour l'école maternelle

1989 vit la promulgation d'une nouvelle loi d'orientation sur l'Éducation (10 juillet 1989), à l'initiative du ministre socialiste Lionel Jospin, à laquelle se trouve annexé un important rapport qui en précise la philosophie et les objectifs. Hormis quelques articles violemment « contre » dans *Le Figaro* et d'autres « pour » dans divers journaux dont *Le Monde* et *La Croix*, elle ne fit pas l'objet de longs débats dans les médias, notamment sur les chaînes de télévision, rapidement plus préoccupées en cette période par l'interdiction du port du foulard islamique dans des établissements scolaires. Heureusement, le ministère publia ultérieurement plusieurs textes, dont une lettre ministérielle de rentrée, pour rappeler les principes de la nouvelle loi, au cas où son existence aurait échappé à la connaissance des enseignants reprenant le chemin des établissements scolaires. Nous avons en effet rencontré cet été-là de nombreux enseignants de maternelle et de primaire qui ignoraient l'existence de cette nouvelle loi ou tout au moins étaient incapables d'en indiquer les lignes directrices.

Ce texte fait de l'Éducation « la première priorité nationale. Le service public de l'Éducation est conçu et organisé en fonction des élèves et des étudiants » (article premier).

La nouvelle politique place ainsi l'enfant au centre du système éducatif, ce qui signifie donc à la fois que cela devait être rappelé et que les responsables de l'Éducation nationale eux-mêmes en reconnaissent la nécessité... La loi, synthétisant des orientations de diverses origines, réaffirme que « l'école a pour rôle fondamental la transmission et l'acquisition des connaissances et des méthodes de travail » (« héritage Chevènement ») et qu'elle « doit contribuer à l'égalité des chances (« héritage Savary »). Elle permet à tous d'acquérir un niveau de qualification reconnu grâce auquel ils pourront exprimer leurs capacités et entrer dans la vie active » (« héritage Monory »). Elle doit aussi « participer à l'adaptation permanente des hommes et des femmes aux évolutions sociales, technologiques et professionnelles de notre société ».

Des objectifs précis sont fixés, parmi lesquels certains doivent être atteints dans les cinq années suivant la publication de la loi : diminuer de moitié le nombre de jeunes qui sortent du système scolaire sans qualification ; réduire au moins de moitié le nombre de décisions d'orientations qui ne sont pas acceptées par les familles ; conduire 65 % des élèves au niveau du baccalauréat (objectif révisé à la baisse, mais plus réaliste, par rapport aux 80 % d'une classe d'âge au niveau bac, du ministère Chevènement et aux 80 % de bacheliers en l'an 2000, perspective fixée par le ministère Monory). Depuis, cette nécessité d'élévation du niveau de formation des jeunes a été régulièrement reprise, et pas seulement dans les milieux de l'Éducation, puisque le rapport « Pineau-Valencienne » commandé par Jack Lang demandait, au nom du patronat, que tous les jeunes atteignent au moins le niveau du baccalauréat.

La réorganisation de la scolarité en cycles correspond à une volonté de cohérence dans l'ensemble du cursus ; elle invite à prendre en compte, autant que faire se peut, les acquis, les procédures et les rythmes d'apprentissage de chaque enfant. Chaque cycle favorise la continuité du développement des compétences correspondantes et doit en principe éliminer les ruptures en cours d'apprentissage, qui se traduiraient par des redoublements à l'intérieur d'un cycle, dont le coût à la fois financier et psychologique est souligné par la DEP (Direction de l'évaluation et de la prospective) et particulièrement bien exprimé dans un article de Seibel (1984). On retrouve également dans ces textes un écho des travaux de psychologie sur le développement cognitif et ses décalages inter- et intra-individuels (voir Weil-Barais, 1993 ou Bideaud *et al.*, 1993).

Chaque niveau d'enseignement participe à la réalisation de ces objectifs. La scolarité primaire (maternelle et élémentaire) est conçue en trois cycles :
– le cycle des apprentissages premiers : de la petite à la grande section de maternelle ;
– le cycle des apprentissages fondamentaux : de la grande section de maternelle au cours élémentaire 1re année ;
– le cycle des approfondissements : du cours élémentaire 2e année au cours moyen 2e année.

L'accès à une bonne maîtrise de la langue et de la culture est considéré comme l'objectif premier de l'école primaire, ce qui s'inscrit dans la continuité des textes officiels précédents. Les enseignants sont invités à agir de manière déterminante, du début du cycle 1 à la fin du cycle 3, pour que chaque enfant accède à une pratique efficace de la langue française. Pour ce faire, divers documents et recommandations sont élaborés et mis à leur disposition à l'initiative de la Direction des écoles, au ministère de l'Éducation nationale dans les années suivant la publication de la nouvelle loi de 1989 : *Les cycles à l'école primaire* en 1991, appelé familièrement « petit livre bleu » ; *La maîtrise de la langue à l'école* en 1992 ou « petit livre rouge » en font partie.

Des objectifs sont fixés pour chaque cycle dans le domaine du langage oral, de la lecture et de l'écriture, « pour que chaque enfant accède à une pratique efficace de la langue française », malgré les différences interindividuelles « déjà fortes à l'école maternelle », liées aux modes de vie familiaux et à la place du langage et de l'écrit dans la vie quotidienne des familles. On retrouve donc toujours l'influence de la sociolinguistique et de ses applications dans le champ pédagogique (voir Stubbs, 1983), ainsi que des idées développées par Vygotsky et diffusées par des travaux genevois (Schneuwly et Bronckart, 1985) et des travaux de Fijalkow (1986) sur l'écrit.

1. Les compétences à développer dans chaque cycle

L'ouvrage *La maîtrise de la langue à l'école* (1992, p. 12 à 17) présente des recommandations sous la forme suivante :

Cycle des apprentissages premiers (cycle 1)

■ Apprendre à communiquer : entrer dans un dialogue ; décrire une situation simple ou une image ; évoquer des situations absentes ou imaginaires ; faire du langage un objet de curiosité et de jeu.

■ S'initier à l'écriture, habileté manuelle et geste graphique : développer le geste graphique ; attribuer des significations aux traces graphiques ; découvrir l'espace de la feuille, de la page.

■ S'initier au monde de l'écrit : découvrir les fonctions de l'écrit (qui guide les adultes, leur permet d'agir, leur donne du plaisir) ; explorer le monde de l'écrit (lieux scolaires et sociaux), identifier (comparer) des écrits, en utiliser.

■ S'initier à produire (oralement) des textes.

Cycle des apprentissages fondamentaux (cycle 2)

■ Continuer d'apprendre à parler, du langage oral au langage de l'écrit : se servir du langage comme instrument d'investigation et de représentation de la réalité ; acquérir un langage plus riche et plus structuré (lexique, morphosyntaxe) ; découvrir les structures et le fonctionnement de différents types de textes ; adapter la parole au contexte (codes sociaux de la communication).

■ Découvrir la structure et le fonctionnement de la langue : accéder à la conscience des éléments phoniques ; observer les relations entre l'oral et l'écrit ; identifier les régularités syntaxiques les plus fréquentes.

■ Progresser dans la pratique de l'étude cursive et découvrir la complexité de la typographie : apprendre à maîtriser l'étude cursive ; découvrir divers aspects de la typographie ; apprendre à explorer l'espace de la page.

■ Apprendre à vivre au milieu des livres et des autres écrits : découvrir pleinement la fonction « guidage » de l'écrit (objets et lieux) ; découvrir les espaces privilégiés du livre.

■ Apprendre à produire des textes : structurer globalement un texte en l'adaptant à la situation de production ; moduler les énoncés produits en fonction du destinataire ; apprendre à « éditer » des textes.

■ Parvenir à une reconnaissance automatique des mots : par voie directe (mots « en mémoire ») ; par voie indirecte (identification des composantes graphophonétiques).

■ Apprendre à comprendre : compréhension littérale ; compréhension « fine ».

Apprendre à lire pour comprendre est réaffirmé comme objectif fondamental, dans la droite ligne des recommandations officielles antérieures (Hébrard, 1988).

Cycle des approfondissements (cycle 3)

Sans détailler les compétences à développer, puisque ce cycle se situe hors de l'école maternelle, indiquons simplement qu'il s'agit de : maîtriser la langue et ses usages ; devenir plus autonome dans la production des textes écrits ; disposer d'une écriture manuscrite efficace et s'initier à l'édition des textes ; élargir le champ des lectures possibles ; s'initier par la lecture et l'écriture à la fréquentation des œuvres littéraires.

En face de ces compétences sont fournis des exemples d'activités, de situations d'apprentissage pour chaque cycle ; chaque compétence est explicitée plus loin dans le texte, en référence aux caractéristiques du développement psychologique des enfants et en fonction de considérations pédagogiques.

2. Les principes généraux

La continuité et les différences entre cycle 1 et cycle 2

L'école maternelle a souvent oscillé entre, d'une part l'apprentissage systématique de la lecture et de l'écriture auquel beaucoup d'enfants ne sont pas prêts avant 6 ans, et une activité limitée au développement de la langue orale, d'autre part. Tout au long de son histoire, elle s'est orientée plutôt dans l'une ou dans l'autre de ces deux directions. Mais il faut à la fois pouvoir tenir compte des écarts importants de développement entre les enfants, des différences d'assiduité à l'école maternelle qui conduisent à des acquis différents, mais aussi du fait que les enfants vivent dans un monde où l'écrit joue un rôle particulièrement important. L'organisation en cycles a aussi pour vocation d'aider à résoudre ces difficultés, voire ces contradictions.

En effet, la totalité du cycle 1 et le début du cycle 2 sont placés sous la responsabilité de l'école maternelle : la grande section devient ainsi une étape charnière permettant le passage de l'un à l'autre, avec pour objectif de faciliter la distinction entre les modalités pédagogiques de l'apprentissage (activités variées pour l'école maternelle, développant l'expérience et la culture personnelle, suscitant le plaisir de la découverte ; progression linéaire définie sous forme de programme pour l'école primaire) et les contenus de l'apprentissage eux-mêmes, différents selon les cycles. Il n'est cependant pas certain que cette distinction soit toujours très claire dans l'esprit des enseignants : il semble que la situation dépende largement de leurs capacités d'adaptation à une nouvelle organisation pédagogique (lorsqu'ils ne l'avaient pas d'eux-mêmes mise en place avant la publication de ces textes), des concertations au sein de l'équipe enseignante de maternelle, mais aussi avec l'équipe d'école primaire voisine, et notamment avec les enseignants de cours préparatoire.

De plus, il n'est pas toujours facile de décider si telle compétence ou telle activité correspond plutôt au cycle 1 ou au cycle 2, certains apprentissages relevant de lents processus qui peuvent s'étendre bien au-delà d'un cycle : apprendre à parler et à communiquer ne correspond bien évidemment pas uniquement à la période du cycle 1, par exemple. Une même compétence peut donc ainsi être travaillée d'un cycle à l'autre, reflétant la nécessaire continuité des apprentissages.

Cette question de la place de la grande section mérite d'être examinée de plus près, car elle a fait l'objet de nombreux débats (Legrand, 1994).

La place de la grande section

Initialement, le découpage était simple : le cycle 1 devait correspondre à la petite et la moyenne section, le cycle 2 à la grande section, au CP et au CE1, et le cycle 3 aux CE2, CM1 et CM2. Mais la crainte de certains de voir s'opérer un rattachement institutionnel de la GS à l'école élémentaire, et en même temps le souhait d'autres acteurs du ministère que des enfants relativement mûrs et qui risqueraient de s'ennuyer à l'école maternelle puissent apprendre à lire en GS conduisent à une solution de compromis : l'idée d'un cycle défini par la maturité de l'enfant plutôt que par le programme. Un enfant peut être en cycle 2 en GS ou en CP lorsqu'il est mûr pour cela. Dès lors, peu importe que la GS reste en cycle 1 « structurellement » ; il suffit que des enfants de GS puissent être considérés comme étant en cycle 2 au fur et à mesure que l'enseignant le juge possible. On invente ainsi des distinctions subtiles entre d'une part les modalités pédagogiques de l'école maternelle et celles de l'école élémentaire, et d'autre part les contenus des apprentissages, différents entre cycle 1 et cycle 2, distinctions qui apparaissent par exemple dans le texte publié à l'initiative de la Direction des écoles en 1992 : « La maîtrise de la langue ». Chacun campe ainsi sur ses positions, y compris après le changement du Directeur des écoles et la nomination d'André Legrand.

Dans les textes, la grande section, classe charnière, doit maintenir fermement les modalités de travail de l'école maternelle, même si pour certains la tentation est grande de la voir anticiper sur celles de l'école primaire. Elle doit en même temps proposer des contenus d'activités centrés sur les apprentissages fondamentaux de la lecture et de l'écriture. La distinction entre cycle 1 et cycle 2 se fait donc entre :

– les classes centrées sur la langue orale (apprendre à parler et à communiquer) et sur l'initiation à certains aspects de l'écrit (s'initier à l'écriture : habileté manuelle et geste graphique ; découvrir des écrits multiples, dont il faut connaître la fonction, et apprendre à produire oralement des textes) ;
– les classes centrées sur les apprentissages fondamentaux de la lecture et de l'écriture : accès aux structures textuelles et linguistiques de la langue écrite, prise de conscience du système phonologique.

Rappelons que l'étalement de l'apprentissage explicite de la langue écrite sur plusieurs années n'est pas une nouveauté, puisqu'il était déjà recommandé par les instructions officielles depuis 1972. Le statut de la grande section doit seulement permettre une plus grande souplesse dans cette mise en œuvre et contribuer à une meilleure prévention des échecs dans l'accès à la langue écrite : ni brûler les étapes, ni commencer trop tôt l'enseignement explicite de la lecture, ce qui risque de créer d'importantes difficultés pour de nombreux enfants. Il est recommandé, avant de commencer les apprentissages structurés, d'amener à leur pleine maturité les compétences langagières définies pour le cycle 1.

Une analyse fonctionnelle de la langue

La conception de la langue sous-jacente à ces textes récents auxquels nous avons fait référence dans les paragraphes précédents est centrée sur la signification et sur la compréhension. Elle porte principalement sur la lecture aux cycles 2 et 3. Les objectifs de formation des jeunes et la durée de la scolarité ont entraîné des modifications importantes d'objectifs et de méthodes : il ne s'agit plus tant d'amener les enfants à déchiffrer un texte court « sans trébucher » et « en mettant le ton » que de les conduire à comprendre des textes, à en produire, en tenant compte des différents types de situations de compréhension et de production de ces textes : quelle est leur fonction ? à quoi servent-ils ou peuvent-ils servir ? Nous retrouvons dans cette redéfinition des préoccupations récentes de la recherche scientifique sur le langage et son apprentissage, dans le champ de la linguistique (travaux de l'équipe de François, 1984), une influence de la sociolinguistique de Bernstein et des travaux de Bourdieu (1982), de la psycholinguistique développementale, des travaux de Bruner, de la psychologie cognitive de la lecture (Fayol *et al.*, 1992), de la pragmatique (voir Bachman *et al.*, 1981 et chap. 2) et de la didactique genevoise.

Les orientations actuelles 4

La nouvelle loi de 1989 sur l'Éducation nécessitait une actualisation des orientations de 1985 pour l'école maternelle : aussi le ministère de François Bayrou a-t-il préparé un nouveau texte, paru dans la partie non officielle du *Bulletin officiel de l'Éducation nationale* du 1er septembre 1994, sous forme de « projet de programmes pour l'école primaire (écoles maternelles et élémentaires) ». Le texte sous sa forme définitive a été présenté par le Ministre le 21 février 1995 ; il a été publié au BOEN n° 5 du 9 mars 1995 (numéro spécial).

1. Les continuités et les éléments nouveaux

Pour la partie « école maternelle », il constitue en quelque sorte une mise en application des principes de la loi de 1989 à l'école maternelle, et prolonge, pour le domaine du langage, les recommandations de l'ouvrage *La maîtrise de la langue à l'école* (1992).

Beaucoup plus détaillé que le texte d'orientations précédentes, il reprend des principes classiques de l'école maternelle, tout en mettant l'accent sur des préoccupations qui, sans être entièrement nouvelles, conduisent vers d'autres directions de travail. Actualisation des contenus des disciplines, allégement et recentrage sur les missions fondamentales de l'école sont les principes généraux affichés dans la préface du texte et l'apprentissage de la langue française y est défini comme le savoir fondamental le plus déterminant à l'issue de la scolarité élémentaire.

Le texte réaffirme notamment le rôle de l'école maternelle comme première occasion de socialisation, le caractère fondamental de l'activité de jeu, la conception d'un enfant pris dans sa globalité ;

En même temps, il insiste beaucoup sur : l'adaptation de l'école à l'enfant à travers l'organisation de l'espace, la gestion du temps et les apprentissages proposés ; la nécessité d'apprentissages structurés permettant aux enfants de passer d'une expérience peu organisée à un projet construit ; le repérage des contenus dans les différents domaines d'activités et l'organisation rigoureuse de progressions à l'intérieur des projets de cycles et d'école.

En outre, le texte réaffirme, dès le préambule consacré à l'école maternelle :
– le rôle de celle-ci comme point d'observation pour la prévention et le dépistage des difficultés potentielles ou des handicaps des enfants, et ceci pour tous les personnels concernés : enseignants, membres des réseaux d'aide, protection maternelle et infantile, aide sociale, etc. Ceci constitue une marque spécifique des nouveaux responsables au ministère et à la Direction des écoles.
– l'importance du langage comme moyen d'enrichissement et d'appropriation de ce qu'il véhicule d'expériences, de connaissances, d'émotions ; se préparer, non pas à lire et à écrire, mais à apprendre à lire et à rédiger dès l'école maternelle est considéré comme le gage d'une bonne scolarité ultérieure.

Le texte distingue des domaines d'activités, au nombre de cinq, et les instruments pour apprendre.

2. Les domaines d'activités

Vivre ensemble

L'école maternelle est conçue comme un lieu de vie nouveau pour l'enfant, dans lequel chacun doit apprendre à partager avec d'autres des activités et des espaces communs, des relations privilégiées avec les adultes de l'école. Le petit doit se familiariser progressivement avec les règles propres à ce monde nouveau – découvrir progressivement son « métier d'écolier » sans perdre son statut d'enfant – et devenir un acteur dans la communauté scolaire : assumer des responsabilités à sa mesure, expliquer ses actions, écouter le point de vue des autres, apprendre à discuter des problèmes quotidiens, affirmer son identité et apprendre à la faire reconnaître tout en reconnaissant celle des autres. Vivre ensemble, c'est donc aussi apprendre à communiquer. Toutes les activités de l'école maternelle doivent contribuer à ces objectifs.

Apprendre à parler et à construire son langage, s'initier au monde de l'écrit[1]

Ces apprentissages se mettent en place dans deux types d'activités :
– les multiples situations au cours desquelles l'enfant peut associer son vécu à sa verbalisation, rendre compte de ses expériences, situations au cours desquelles il apprend véritablement à parler. Le maître doit :

> [...] créer les occasions de lier l'expérience au langage ; [il doit aussi] par ses échanges avec l'enfant, lui permettre de progresser dans la construction de la langue et d'en mettre en œuvre le fonctionnement. Ces activités gardent leurs propres finalités, en dehors de l'acquisition linguistique proprement dite et, pour être efficaces dans ce domaine aussi, elles doivent conserver cette orientation. Elles ne sont pas, à proprement parler, des moments de langage. Cependant, tout en les menant à bien, le maître reste attentif à l'expression des élèves. C'est pour lui, un moyen privilégié d'évaluer les progrès réels de l'acquisition du langage et de solliciter davantage ceux qui en ont le plus besoin.

– les situations où les acquis linguistiques construits de manière implicite deviennent l'objet d'exercices spécifiques (jeux verbaux, moments de langage proprement dits) et constituent les matériaux – matériaux sonores de la langue, syntaxe, lexique, le texte et sa structure – sur lesquels porte l'activité.

> [Ces exercices] permettent d'amener l'enfant à prendre progressivement conscience du sens du langage, à mieux le maîtriser, et à le confronter au code écrit pour apprendre à lire et à écrire [...]. Toutes les activités préparant à l'écriture et conduisant à reconnaître dans l'espace de la page des mots ou des lettres, à savoir les copier ou les écrire permettent ces apprentissages. C'est l'occasion, pour l'enfant, de se doter d'instruments efficaces lui permettant de travailler sur son langage, d'en mieux comprendre le fonctionnement et de se préparer à l'articuler avec celui de la langue écrite.

L'initiation à la culture écrite complète ces acquisitions.

> Elle est conduite, d'une part dans des activités d'interprétation des imprimés divers et, plus particulièrement des textes, d'autre part dans des

---

[1] Le lecteur trouvera ci-dessous l'essentiel de la présentation de ce domaine et l'intégralité des activités correspondantes (extrait du BOEN n° 5, 9 mars 1995).

activités de production, avec l'aide d'un adulte secrétaire ou en situation autonome, de ces mêmes écrits. Il ne s'agit pas encore, pour l'enfant, d'un apprentissage systématique de la lecture, mais il convient de lui permettre de prendre conscience, de manière active, dans le cadre de situations authentiques, des formes et des contenus de la culture écrite qui l'entoure. Le rôle de l'adulte qui oralise et fait découvrir les textes, qui écrit sous la dictée des enfants en régulant leur activité ou encore qui, à travers sa propre écriture, montre à l'enfant comment ses paroles se transforment en passant à l'écrit, est ici un point de départ essentiel.

La nature et le contenu des activités correspondantes sont détaillés ainsi :

■ Les sonorités de la langue :
– apprentissage de comptines, de chansons, de poèmes permettant de jouer sur l'intonation, sur le rythme, sur la hauteur de la voix... ;
– jeux rythmiques avec le langage sur des comptines, des chansons, des poèmes : découverte des accentuations, de la syllabe ;
– jeux de rimes avec le langage : apprendre, découvrir et compléter des suites assonancées, des textes rimés ;
– identification des sons du langage (phonèmes) en fin d'énoncé, en début d'énoncé, dans le corps de l'énoncé ;
– prise de conscience des différents sons (phonèmes et syllabes) utilisés par le français ;
– jeux de langage s'appuyant sur la répétition de structures syntaxiques (chansons ou comptines à refrain, historiettes à poursuivre en utilisant une forme syntaxique fixée...) en évitant l'exercice structural.

■ Les mots :
– évocation du lexique disponible à propos d'un thème donné (une histoire à raconter, un compte rendu de sortie ou d'activité...) ;
– classification de mots disponibles en fonction de critères variés : mots désignant des objets inanimés ou animés, familles de mots... ;
– recherche des différents contextes possibles d'un mot ;
– interprétation de mots inconnus à partir de leur contexte.

■ Écoute et langage oral :
– écoute d'une grande variété de textes appartenant à la tradition orale (chansons, comptines, contes, devinettes, histoires...) dits par le maître, enregistrés sur des supports magnétiques accompagnés ou non d'images

(radio, cinéma, télévision), découverts dans leur véritable contexte lors de sorties ou de rencontres avec des conteurs, au théâtre de marionnettes... ;
– discussions sur différents types d'écrits rencontrés, production de textes analogues en situation collective, avec l'aide de l'adulte (par exemple sur une trame donnée).

■ Initiation au monde de l'écrit avec l'aide de l'adulte :
– découverte de l'imprimé sous toutes ses formes, en contexte puis hors contexte, interprétation avec l'aide de l'adulte ;
– fréquentation assidue du coin lecture ou de la bibliothèque, lors de moments de lecture en petits groupes ;
– relecture fréquente des textes les plus riches de sens pour les enfants ;
– mise en ordre des livres de la bibliothèque, première classification des différents types de textes (fictions, documentaires...) avec l'aide du maître ;
– examen de textes écrits (repérage de la structure de la page, des divisions en paragraphes, en phrases, en mots) ;
– interprétation collective des textes écrits (qu'est-ce qui est écrit dans une phrase ? dans un mot ? à qui renvoient les pronoms ? rôle des mots de liaison) ;
– premières correspondances entre lettres et sons ;

■ Initiation à la production de textes :
– travail de mémorisation du texte au fur et à mesure de sa lecture (reformulation des passages lus, articulation entre ce qui a été lu et ce qui est découvert dans une nouvelle étape, anticipation de la suite du texte... ;
– production de textes en dictée à l'adulte, collective ou en petits groupes : annonces de nouvelles, récits d'événements vécus par tous, rappels de textes entendus antérieurement, modes d'emploi, consignes, recettes, textes documentaires, petites argumentations, correspondances scolaires... ;
– premiers exercices d'écriture autonome par copie, copie différée, invention (prénom, petites phrases, textes courts) ;
– découverte des spécificités du texte écrit au travers des écrits de l'adulte interprétant des propositions orales des enfants ;
– acquisition de la technique de dictée par l'enfant à l'adulte (ralentissement du débit, contrôle de la structure syntaxique de l'énoncé, prise de conscience de l'activité de l'adulte, demande de relecture...) ;

– production d'objets écrits associant le texte et l'image (albums, récits illustrés, documentaires).

Le lecteur notera le souci ministériel d'explicitation des objectifs en rapport avec la maîtrise de la langue et le souci de détail dans les activités correspondantes, donnant à ce domaine d'activité une importance toute particulière. Nous y reviendrons.

Agir dans le monde

L'action est un élément essentiel du développement de l'enfant. Explorations et manipulations, dans une grande liberté de mouvement et d'action, doivent lui apprendre à mettre en jeu son corps tout entier, à mobiliser ses différentes fonctions (locomotion, préhension, etc.). L'adulte doit aider l'enfant à construire de nouveaux ajustements au monde, à travers les obstacles rencontrés ; il doit lui offrir les moyens de développer ses activités « dans des environnements plus complexes et plus étrangers », accompagnant ainsi « les progrès de sa croissance et de son habileté ». C'est lui également qui aide l'enfant à intérioriser ses actions, c'est-à-dire à se les représenter, à en prévoir les résultats, à les planifier.

Son activité concourt à une découverte puis à une connaissance de plus en plus juste de soi, des autres, des objets et des matériels, des repères qui jalonnent l'espace et le temps de ses actions.

Diverses activités d'exploration, de découverte, d'expression et de prise de repères sans l'espace et le temps sont proposées pour la mise en œuvre de ces principes.

Découvrir le monde

Les auteurs du texte considèrent que « l'école a un rôle irremplaçable d'initiation au monde et à la culture ». Il est assez clair que cette formulation générale ne doit pas cacher le fait que tous les enfants n'arrivent pas à l'école avec la même ouverture sur le monde et la culture ; l'école doit donc, si nécessaire, jouer un rôle compensatoire en la matière.

Comment s'y prendre ? En permettant à l'enfant de découvrir et de respecter le monde proche, « celui de la vie et des objets », de raconter « ses aventures et ses rencontres », de poser des questions et de chercher des réponses, bref, d'enrichir son expérience. Cet enrichissement repose sur quelques « données simples » :

- le maître suscite toutes les occasions d'une découverte active du monde, en ayant toujours soin que les connaissances se forgent tant par l'activité et son observation que par la verbalisation de l'expérience et par son examen critique ;
- le partage de la culture écrite et de l'image, découvertes dans une interaction forte avec l'adulte qui lit, explique, commente, et le cas échéant écrit, constitue un moyen important d'enrichir les connaissances de l'enfant à condition, toutefois, que celles-ci puissent être rapprochées d'expériences vécues ;
- progressivement, l'enfant apprend à se représenter les savoirs qu'il rencontre ou construit ; dans ce but, il apprend à dessiner, à produire des représentations schématiques, à construire des textes (dictées à l'adulte) qui rendent compte de son activité ;
- dès que l'enfant en a la possibilité, ses connaissances sont ordonnées, grâce à un questionnement des évidences ou des savoirs implicites qui se sont constitués.

L'initiation au monde passe par la découverte du monde des objets, de la matière, du monde vivant, des espaces naturels et humains, une sensibilisation aux problèmes de l'environnement, aux problèmes d'hygiène et de consommation, une éducation à la sécurité, la découverte du temps qui passe, la sensibilisation au monde de l'image. Ce domaine d'activité est étroitement lié à celui de la maîtrise de la langue (voir ci-dessus) ; le langage est une forme d'apprentissage culturel, comme nous le verrons plus loin (cf. chap. 2). Ainsi que l'indiquait le texte à propos de l'apprentissage de la langue, les activités de découverte du monde ont leurs propres finalités, en dehors de l'acquisition linguistique en tant que telle, mais elles constituent également un support de l'expression des enfants : elles sont un moyen privilégié pour l'enseignant d'évaluer les progrès réels de l'acquisition du langage de chaque enfant.

Imaginer, sentir, créer

A l'école maternelle, l'enfant développe sa sensibilité, son imagination et sa capacité de créer, ses facultés d'attention et de concentration, son esprit critique et son aptitude à exprimer des goûts et des choix.

L'éducation artistique met en œuvre des démarches actives qui s'inscrivent dans une relation constante entre voir, entendre, faire, ressentir, échanger.

L'objectif est double : sensibiliser les enfants aux arts et leur donner les moyens de pratiquer des activités artistiques. Apprendre à dire ses sentiments, à exprimer ou échanger des idées ou des rêves à travers ses créations, donner libre cours à son imagination et aller le plus loin possible dans son expression, tels sont les buts fixés. Pour cela :

> Deux domaines artistiques sont obligatoirement présents à l'école maternelle : la musique et les arts plastiques. Leur sont ajoutés ici l'expression dramatique et le théâtre, la danse comme exemples d'ouverture possible à d'autres domaines artistiques.

Les activités correspondantes sont longuement détaillées, et regroupées dans les rubriques suivantes :

■ *Pour l'éducation musicale* : activités vocales, activités corporelles en relation avec des rondes, des jeux dansés, des activités instrumentales et des musiques variées, activités d'écoute du monde sonore et de musiques différentes (pays, époques, styles,...).

■ *Pour les arts plastiques* : pratiques indispensables pour construire des représentations (explorations de formes, objets, matières, couleurs ; réalisation d'un « musée personnel », graphisme, exercices de mémoire visuelle, etc.), acquisition et développement de connaissances sur les grands référents de l'imaginaire (l'air, la terre, l'eau, le feu, la maison, l'arbre,...) et divers éléments plastiques, présentation des réalisations (commentaires sur son propre travail, observation des effets produits).

■ *Pour le théâtre et l'expression dramatique*, ainsi que la danse, présentés comme exemples d'ouverture à d'autres domaines artistiques, c'est non seulement l'activité d'interprète qui doit être valorisée chez l'enfant, mais aussi chaque fois que possible celle de spectateur d'œuvres et de spectacles diversifiés.

3. Les instruments pour apprendre

A l'école maternelle, l'enfant découvre, grâce aux situations pédagogiques mises en œuvre par le maître, toutes les richesses du monde qui l'entoure. En jouant, en développant toujours plus loin ses actions, il se constitue un premier capital de connaissances qui lui permettent de comprendre les réalités physiques et humaines qui constituent son environnement proche ou plus lointain.

Tout en enrichissant ainsi ses connaissances, il se dote des instruments essentiels au travail de l'intelligence.

Qu'appelle-t-on « instruments essentiels au travail de l'intelligence » ? Cette notion est calquée sur celle « d'instruments psychologiques » définie par Vygotsky (cf. chap. 3) : il s'agit d'adaptations, d'élaborations artificielles qui visent à contrôler les processus psychiques, des sortes de « techniques intérieures ». On peut, selon Vygotsky, trouver une analogie « entre le rôle des adaptations dans le comportement et celui de l'instrument dans le travail »...

> [Ces instruments] sont sociaux par nature et non pas organiques ou individuels ; ils sont destinés au contrôle des processus du comportement propre ou de celui des autres, tout comme la technique est destinée au contrôle des processus de la nature. (Vygotsky, 1930 ; in Schneuwly & Bronckart, 1985, p. 39)

Vygotsky cite plusieurs exemples d'instruments psychologiques, parmi lesquels : le langage[1], les diverses formes de comptage et de calcul, les œuvres d'art, l'écriture, les schémas, tous les signes possibles, etc.

Deux groupes d'instruments sont présentés dans le texte ministériel : d'une part l'activité graphique, et d'autre part les classifications, sériations, dénombrement, mesurage, reconnaissance des formes et relations spatiales.

L'activité graphique

Elle n'est d'abord :

> [...] qu'une trace laissée par le corps ou la main sur des supports variés avec des instruments spécifiques. Progressivement l'enfant s'approprie ces tracés qui deviennent des figures porteuses de sens et il utilise leur pouvoir de communication. Il apprend à établir des codes implicites, signes, symboles pour des communautés diverses (famille, classe, autres groupes...).

---

[1] Dans le texte des programmes pour l'école primaire, le langage bénéficie d'une place en tant que domaine d'activité, ce qui rend la présentation probablement plus claire et met mieux en évidence son importance à l'école maternelle.

Par des exercices appropriés, mais toujours fonctionnels et inscrits dans des activités signifiantes, l'enfant améliore la sûreté de ses gestes, apprend à mobiliser plus finement sa main, à mieux tenir les divers instruments scripteurs, à explorer les contraintes des différents supports. Par des jeux variés, il explore l'espace graphique et le répertoire des différents tracés.

Le dessin constitue pour l'enfant un moyen important de rendre compte de la réalité, de transcrire une narration ou une description verbale. Plusieurs types d'exercices sont proposés dans cette perspective.

L'écriture entre également dans ce cadre.

A l'école maternelle tout enfant doit être entraîné à l'écriture cursive lisible. Il doit découvrir ce qu'est l'écriture, à quoi elle sert, et surtout la façon dont elle renvoie au langage (liaison constante entre l'oral et l'écrit).

Ici encore plusieurs types d'activités sont indiqués.

Classifications, sériations, dénombrement, mesurage, reconnaissance des formes et relations spatiales

Tous ces instruments du travail intellectuel qui deviendront plus tard des opérations de l'activité mathématique sont particulièrement utiles pour décrire la réalité et pour comprendre les phénomènes qui y surviennent.

Sans correspondre à un « programme » de mathématiques, diverses activités sont proposées, en illustration à ces instruments et au repérage des événements dans le temps.

En conclusion :

[...] dessiner, écrire, dénombrer, mesurer, décrire l'espace, se repérer dans l'espace et dans le temps constituent des instruments puissants de la connaissance. Permettre à l'enfant de les construire dès l'école maternelle est un gage de réussite ultérieure dans sa scolarité.

4. Le sens de ces nouveaux textes

Au-delà de la simple mise en conformité des textes régissant l'école maternelle avec la loi de 1989 sur l'éducation et l'organisation de l'école en cycles, les auteurs du texte ont innové sur plusieurs points :

La notion de « programmes »

Terme fort mal accepté dans certains milieux de l'école maternelle, si l'on en juge par l'accueil qu'il reçut lors de l'allocution de Marcel Duhamel, Directeur des écoles, au 67e congrès de l'AGIEM[1] le 4 juillet 1994. Le ministère Bayrou a en fait repris à son compte, avec une véritable volonté politique, la tentative amorcée par la Direction des écoles sous le ministère socialiste de Jack Lang, à quelques semaines d'un changement de gouvernement. Un compromis a depuis lors été trouvé puisque le texte de l'arrêté fixe des **programmes** pour l'école maternelle et l'école élémentaire (article premier) et que le texte qui suit, consacré à l'école maternelle, parle de **domaines d'activités**.

Examinons les enjeux de l'utilisation de ce terme. A partir du XIXe siècle, il désigne, parmi d'autres acceptions, « l'ensemble des connaissances, des matières qui sont enseignées dans un cycle d'études ou qui forment les sujets d'un examen, d'un concours ». Il désigne aussi une « suite d'actions que l'on se propose d'accomplir pour arriver à un résultat » (*Le Petit Robert*, 1977). S'agissant du milieu scolaire, c'est évidemment la première acception qui est retenue. Est-ce à dire alors que l'école maternelle perd ainsi sa spécificité, par rapport aux autres niveaux de la scolarité ? Va-t-on y enseigner des connaissances ou des matières que l'on pourrait sanctionner par un examen ? Certes non, comme le montre la présentation des activités dans le texte, et comme le souligne son préambule :

> L'école maternelle occupe une place particulière dans l'ensemble du dispositif d'accueil de la petite enfance. C'est une école. Complémentaire de l'éducation familiale et préparatoire à la scolarité élémentaire, elle est le lieu d'expériences et d'apprentissages essentiels qui permettent aux enfants de devenir grands.

L'originalité de l'école maternelle est rappelée : ce n'est pas une garderie, c'est une école, un lieu d'éducation. Elle doit s'ouvrir aux relations avec ses partenaires et les institutions importantes dans la vie des enfants : les parents en premier lieu, mais aussi la crèche, la garderie... La cohérence dont l'enfant a besoin entre ses différents lieux de vie est encouragée et suppose une démarche active de l'école dans leur direction, ce qui est relati-

---

[1] Association générale des institutrices et instituteurs des écoles et classes maternelles publiques.

vement nouveau dans les textes officiels, même si cela correspondait déjà à une pratique régulière de certaines écoles.

Lieu privilégié où l'enfant bâtit les fondements de ses futurs apprentissages, l'école maternelle est aussi celui où il est toujours considéré dans sa globalité.

L'école maternelle est un lieu d'expériences pour l'enfant, qui lui permettent de construire son savoir et de se préparer aux apprentissages systématiques de l'école élémentaire : en cela, elle se distingue des niveaux ultérieurs de la scolarité. C'est vrai notamment pour l'acquisition du langage :

> C'est par la richesse de ses expériences que l'enfant apprend à mieux comprendre le langage qu'on lui adresse et à mieux parler. C'est pourquoi le rôle de l'école maternelle est capital, notamment dans les quartiers défavorisés.

Cette conception d'un lieu propice aux expériences enfantines, d'un lieu stimulant, et non pas d'un lieu d'apprentissages systématiques, déjà présente dans le texte « La maîtrise de la langue » (1992) est précisée quelques lignes plus loin :

> L'école maternelle offre à l'enfant un mode de vie qui répond à ses besoins physiologiques, affectifs et intellectuels et lui permet de trouver sa place dans des groupes divers. Ce mode de vie exige une organisation de l'environnement et une gestion du temps bien comprise.

On ne saurait dire plus clairement que l'école doit s'adapter à l'enfant et non l'inverse... !

Alors, mauvais procès d'intention fait aux administrateurs de l'école ? Difficulté de conciliation entre différents points de vue au ministère, entre ceux qui souhaitaient, rétroactivement, définir des objectifs et des capacités à construire en fin de cycle 1, c'est-à-dire en moyenne section, et ceux qui ont déplacé les objectifs à atteindre vers la fin de la grande section ? La question était de choisir entre une attention particulière portée sur les acquisitions de maternelle et le fonctionnement langagier proprement dit, avant que ne commencent les apprentissages métalinguistiques (conscience phonique, segmentation de l'énoncé en mots, etc.), et une définition par l'amont, centrée sur les problèmes de lecture ; c'est la deuxième orientation qui a prévalu, laissant de côté une réflexion sur la pédagogie de l'oral en tant que tel, au profit d'une conception de l'oral principalement définie par la préparation à l'écrit.

Mais la résistance de certains milieux enseignants vis-à-vis de ce terme de « programmes » est aussi le reflet de craintes légitimes par rapport à des tentatives de gavage intellectuel des jeunes enfants, au détriment de leur épanouissement.

En effet ceci n'est pas sans lien avec le courant de pensée qui s'est développé depuis quelques années en faveur des apprentissages précoces et dont divers médias se sont fait l'écho : dans un premier temps on a mis en évidence les remarquables capacités d'apprentissage des jeunes enfants pour peu qu'on utilise une pédagogie adaptée aux objectifs qu'on se fixe (par exemple : apprendre à lire à 3 ans) ; parallèlement on a plaidé pour une scolarisation précoce (nous y reviendrons), gage d'une meilleure réussite scolaire à l'école primaire et au-delà, au vu des statistiques nationales sur la diminution des redoublements en primaire en fonction de l'allongement de la scolarisation en maternelle[1].

Un glissement s'est alors opéré, utilisant l'anxiété de certains parents, soucieux de préparer aussi tôt que possible la réussite de leurs enfants, dans un monde où un parcours scolaire moyen n'est plus la garantie d'une insertion professionnelle rapide. On a vu ainsi fleurir les cassettes destinées à sensibiliser les fœtus à l'apprentissage d'une langue étrangère, ce qui est supposé faciliter quelques années plus tard leur acquisition d'une langue seconde (mais personne n'a été vérifier sérieusement les résultats, positifs et négatifs, de ces tentatives d'enseignement plus que précoces !) ; on a vu des parents inquiets demander à l'avance à des enseignantes de maternelle la liste des comptines prévues dans l'année, afin de les faire travailler à leurs enfants... Et on pourrait citer ainsi bien d'autres exemples, qu'il serait trop facile de traiter par le mépris, sans y voir des tentatives maladroites de parents inquiets et mal informés sur le travail de l'école et le développement psychologique des enfants[2]. Les enseignants ont certainement un rôle important à jouer auprès des parents pour une meilleure information sur

---

[1] En d'autres termes, plus on aurait fréquenté l'école maternelle, moins on redoublerait à l'école primaire.

[2] On a toujours su, dans des milieux favorisés, développer des stratégies d'excellence, à tous les niveaux du parcours scolaire des enfants, pour les mettre en position optimale de réussite ; la vogue des apprentissages précoces nous semble aller au-delà de ces habitudes bien connues.

l'aide que ces derniers peuvent apporter à leur enfant et sur les apprentissages scolaires, ce qui ne signifie pas pour autant qu'ils devraient assumer seuls cette nécessaire information ; les administrateurs de l'école, les associations de parents d'élèves, les psychologues,... ont aussi leur rôle à jouer dans ce domaine, pour peu que l'accès aux grands moyens d'information leur soit facilité.

Le plaidoyer pour les apprentissages à l'école maternelle

Après l'importance donnée à la formation de la personnalité et l'expression créatrice des enfants dans les orientations de 1977, l'accent a été mis sur les apprentissages dans les textes de 1985 (voir §2. ci-dessus pour une analyse détaillée) et la même orientation se retrouve, plus explicitée à notre avis, dans les textes actuels. Si « expression » et « apprentissage » ne sauraient être considérés comme incompatibles, l'insistance à préciser l'idée d'apprentissages structurés, de contenus repérés mérite d'être soulignée, en prenant en compte également le rôle dévolu à l'école dans l'égalisation des chances, puisque le texte souligne à plusieurs reprises le rôle particulier de cette institution dans les quartiers défavorisés.

La mise en avant par les auteurs du texte de 1995 de certaines activités, nombreuses et détaillées, à l'appui des grands objectifs fixés à l'école maternelle (apprendre à vivre ensemble ; apprendre à parler et construire son langage ; agir dans le monde ; le découvrir ; imaginer, sentir, créer) et la liste des « instruments pour apprendre » constituent des repères pour aider les enfants à trouver un sens au monde, et ce d'autant plus qu'ils ont moins été guidés en cela dans leur première enfance.

Cette attention portée aux activités et aux apprentissages, qui n'est pas incompatible avec le rappel du rôle fondamental du jeu pour les jeunes enfants, s'accompagne de prescriptions précises quant à d'autres moments de la journée scolaire. On peut lire dans l'arrêté sur les horaires des écoles maternelles et élémentaires (article 4) : « le temps moyen consacré aux récréations est de 15 minutes par demi-journée », et plus loin dans le texte consacré à l'école maternelle :

> Les récréations, les moments d'hygiène, les périodes d'accueil sont des temps éducatifs et utiles, mais il faut veiller à ce qu'ils occupent dans la journée leur juste place et n'empiètent pas sur des temps d'activité structurée où les enfants ont le sentiment de travailler et de progresser. Cette

organisation du temps, toujours en cohérence avec les besoins des enfants et plus rigoureuse à mesure que l'enfant grandit, permet, durant l'année de grande section, de consacrer une partie plus importante de la journée à des activités structurées.

C'est dire que les récréations prolongées n'ont pas de vertu en elles-mêmes (par ailleurs, il est plus difficile de faire comprendre et respecter le rôle éducatif de l'école maternelle lorsque les parents voient leurs enfants dans la cour de récréation pendant plus d'une heure d'affilée, comme cela se produit dans certaines écoles). Toutefois une école « centrée sur l'enfant » doit pouvoir aussi lui reconnaître le droit, lorsqu'il en a besoin, de « ne rien faire » (mais ne fait-il réellement rien ?), de se mettre à l'écart du groupe (pour un retour sur lui-même ? pour récupérer des efforts qu'il a fournis ou de la fatigue qu'il ressent ?) ou de jouer librement. Respecter cette liberté-là fait aussi partie du rôle éducatif de l'école maternelle. La plupart des enseignants de maternelle savent faire la part des choses, mais il n'est peut-être pas inutile de le rappeler...

L'approche fonctionnaliste et pragmatique des activités

Le texte présente les activités et les apprentissages de l'école maternelle en privilégiant leur signification et les contextes dans lesquels ils s'inscrivent :

> A tout niveau, les enfants doivent pouvoir observer, réfléchir, imaginer, exercer leur mémoire, élaborer un projet, tester leurs capacités, leurs connaissances et leurs actions.

Et plus loin, par exemple dans la présentation du domaine d'activités « vivre ensemble » :

> [...] [le] cheminement vers une plus grande autonomie n'est possible que parce que le langage permet tout à la fois de réguler les relations sociales dans le groupe, de les expliciter et, donc, de les anticiper. Ainsi apprendre à vivre ensemble, c'est aussi apprendre à communiquer... Toutes les activités de l'école maternelle prennent leur sens dans cette perspective.

Plus loin encore, à propos « des instruments pour apprendre » :

> En jouant, en développant toujours plus loin ses actions,... [l'enfant] se constitue un premier capital de connaissances qui lui permettent de com-

prendre les réalités physiques et humaines qui constituent son environnement proche ou plus lointain. Tout en enrichissant ainsi ses connaissances, il se dote des instruments essentiels au travail de l'intelligence. C'est avec eux qu'il abordera l'école élémentaire.

Les pratiques éducatives proposées apparaissent comme des facteurs de développement et les contenus indiqués ne sont pas dissociés des processus d'apprentissage :

> [l'école maternelle] est le lieu d'expériences et d'apprentissages essentiels qui permettent aux enfants de « devenir grands […] La variété et la richesse de ses expériences permettent à l'enfant de construire son savoir et de se préparer, par des apprentissages structurés, aux apprentissages plus systématiques de l'école élémentaire.

Cette conception se retrouve bien sûr à propos du langage :

> C'est par la richesse de ses expériences que l'enfant apprend à mieux comprendre le langage qu'on lui adresse et à mieux parler […] En apprenant à parler, en construisant son langage, il s'approprie tout ce que le langage véhicule d'expériences, de connaissances, d'émotions. En se familiarisant avec le langage de l'écrit, il accède à tous les livres, ceux qu'on lui lit comme, plus tard, ceux qu'il lira. C'est le gage d'une bonne scolarité ultérieure.

Plus loin dans le texte :

> [il appartient à l'adulte] de créer les occasions de lier l'expérience au langage. C'est lui aussi qui, par ses échanges avec l'enfant, lui permet de progresser dans la construction de la langue et d'en mettre en œuvre le fonctionnement. [Les] activités gardent leurs propres finalités, en dehors de l'acquisition linguistique proprement dite et, pour être efficaces dans ce domaine aussi, elles doivent conserver cette orientation.

On retrouve dans le texte ministériel des conceptions largement représentées en psychologie du développement, inspirées en particulier par Bruner (1983) et une nouvelle lecture des travaux de Wallon (1949). L'approche fonctionnaliste est également présente en psychologie cognitive au sens large, voire dans le domaine de l'intelligence artificielle, lorsque les conduites sont définies par leurs effets adaptatifs, transitoires ou permanents. Dans ce cadre théorique, l'analyse des conduites, dans la mesure où elles ne sont pas indépendantes de leurs circonstances d'apparition, comprend nécessairement celle de la situation et du milieu.

Les formes successives de l'activité et les savoirs sont déterminés par une interaction entre l'organisme ou son milieu... On peut distinguer quatre catégories ou niveaux d'influence de l'environnement sur l'élaboration des conduites humaines : l'environnement représente un agencement de stimulations particulier ; il est toujours écologique, c'est-à-dire qu'il n'est pas indépendant d'un système social ; il est culturel. (*Grand dictionnaire de la psychologie*, Larousse, 1991 ; définition du fonctionnalisme)

Dans le domaine du langage c'est également le sens des activités et leur relation avec leur contexte de fonctionnement qui sont privilégiés. On rejoint là les conceptions de la pragmatique du langage (Austin, 1970, par exemple) : l'interprétation du discours ou des « actes de parole » n'est pas indépendante de la situation d'énonciation, et plus largement du contexte d'émission (par exemple : qui parle ? quand ? où ? dans quel but ?).

Le texte reprend également à son compte les résultats de recherches montrant la continuité entre la maîtrise de l'oral et l'initiation à l'écrit : le goût de la lecture, de la fréquentation des livres et des bibliothèques et des livres s'ancre dans le plaisir du langage ; de même il existe un lien entre la compréhension du langage oral et l'apprentissage de la lecture par exemple.

En même temps la spécificité de l'écrit est bien prise en compte :

Le rôle de l'adulte qui oralise et fait découvrir les textes, qui écrit sous la dictée des enfants en régulant leur activité ou encore qui, à travers sa propre écriture, montre à l'enfant comment ses paroles se transforment en passant à l'écrit, est ici un point de départ essentiel.

C'est bien toujours la recherche du sens qui est ici à l'œuvre, ce qui devrait éviter aux enfants des épisodes comme celui décrit avec humour par Durif (1986, p. 100) :

Il est aberrant que des enfants qui racontent ensemble : « On a été se promener, pis on a ramassé des petites fraises », se retrouvent, sans préavis généralisé à tous, devant un tableau portant ce texte : « Nous sommes allés nous promener et nous avons cueilli des fraises des bois ». Ou, mieux encore, qu'ayant évoqué les ouistitis ou les biches du Jardin des plantes, ils se trouvent face au « texte-libre » : « Au zoo, il y a des gazelles, des zèbres et des zébus », pour bien servir la cause que l'on devine !

5. En guise de conclusion

A travers cette présentation des textes qui régissent l'école maternelle et de leur évolution, notamment pour les activités de langage, nous voudrions proposer au lecteur quelques éléments de réflexion.

Les textes ministériels en matière d'éducation sont le reflet, avec parfois quelque décalage temporel, des connaissances scientifiques autour de l'enfant et des apprentissages. Comme celles-ci, ils évoluent, avec le souci général chez leurs auteurs, de se fonder sur ce qui fait l'objet d'un certain consensus dans la communauté scientifique. Aussi doivent-ils être lus en relation avec les cadres théoriques qui les inspirent, sous peine d'être détournés de leur sens.

Ils doivent également tenir compte des pratiques pédagogiques à l'œuvre dans l'école maternelle et correspondent aussi à des choix pragmatiques, en fonction des savoir-faire des enseignants.

Ils constituent également des choix politiques, au sens large, en matière d'éducation, qui ne sont pas indépendants de conceptions de la société et du rôle fixé à l'enseignement dans un pays, et résultent souvent de conflits de pouvoir entre divers groupes de pression. Là encore, il est nécessaire que les enseignants soient au clair sur ces choix, pour mieux situer leur pratique personnelle : leur formation doit les y inciter.

La diffusion de ces textes auprès des enseignants passe par divers niveaux de l'institution : les inspecteurs de l'Éducation nationale sont chargés de les expliquer, d'assurer les conditions de leur mise en œuvre, voire d'en vérifier l'application effective ; les enseignants disposent également d'associations professionnelles, de publications qui peuvent les aider dans la compréhension, la mise en œuvre, la critique de certaines dispositions ; les IUFM (instituts de formation des maîtres) jouent également un rôle essentiel dans cette formation, à la fois en formation initiale et en formation continue.

Quoi qu'il en soit, on sait bien qu'il existe souvent un certain décalage entre les textes officiels et la pratique des classes. Faut-il pour autant partager le point de vue d'un historien de l'éducation, A. Prost (1968), lorsqu'il écrit : la pratique « est trop multiforme pour se laisser réduire à des schémas absolus » ? ou encore, prenant en compte les contradictions liées à l'alternance des conceptions, peut-on encore s'étonner qu'il soit si rare que « l'on rencontre des instituteurs fidèles à la pédagogie des instructions » (p. 279) ?

Il semble que les textes récents constituent, depuis 1985, davantage une continuité, une précision, un approfondissement des conceptions, plutôt que des contradictions. Faut-il y voir un consensus national sur la mobilisation, au moins idéologique, contre l'échec scolaire précoce ?

CHAPITRE 2

Le langage
ou les conduites langagières ?

Qu'apprend-on exactement en « apprenant le langage » ? Un répertoire de mots ? Des règles d'organisation du discours ? Savoir utiliser ces outils en tenant compte de la situation dans laquelle on se trouve, la situation étant caractérisée par exemple par les interlocuteurs et leurs caractéristiques personnelles, le but de l'échange verbal ou encore le type de texte auquel on est confronté et l'usage que l'on veut en faire ? Un peu tout cela, certainement, aux différentes étapes de sa construction.

L'étude du développement du langage a beaucoup évolué en psychologie, parallèlement aux évolutions théoriques et méthodologiques de cette discipline. Ses intérêts se sont portés d'ailleurs successivement sur les aspects ci-dessus, historiquement à peu près dans l'ordre où nous les avons énumérés :

Le langage ou les conduites langagières ?

- On s'est d'abord attaché à décrire le répertoire de mots compris et produits par les enfants, depuis les premiers mots de la fin de la première année, jusqu'aux répertoires des adultes ; on a voulu dégager les règles de l'acquisition des significations.
- Puis on s'est intéressé à l'organisation des énoncés et à la mise en évidence de « grammaires » et de règles de construction correspondant à différentes étapes de l'acquisition.
- Actuellement les préoccupations portent sur les formes et sur les mécanismes des échanges communicatifs et langagiers de l'enfant avec son entourage : on n'apprend pas tout seul à construire son langage... Les apprentissages langagiers s'ancrent dans des situations de communication construites par les partenaires privilégiés de l'enfant, en premier les parents et les adultes en général. Mais plutôt que de parler de l'acquisition du langage, on considère que l'enfant acquiert un répertoire de conduites langagières, dont le volume et les caractéristiques dépendent, pour une large part, des situations rencontrées.

Examinons les conditions de cette acquisition, ses étapes et les processus cognitifs sous-jacents.

1 Les conditions de l'acquisition

La psychologie de la première moitié du XXe siècle présentait des options très tranchées et contradictoires pour rendre compte du développement cognitif et langagier de l'enfant. En effet, le courant **béhavioriste**[1] considérait l'enfant comme une « table rase » qui se développe parce qu'il reçoit des stimulations et des renforcements de son environnement. A l'opposé, dans une conception **maturationniste**, certains considéraient le développement comme l'expression d'un programme interne à l'organisme,

---

[1] « Behavior » signifie comportement. Du point de vue théorique, le béhaviorisme classique expliquait l'activité psychologique par l'association entre stimulus et réponse, en rejetant toute variable intermédiaire. Cette position est aujourd'hui dépassée, ce qui ne signifie pas pour autant que les apports méthodologiques du béhaviorisme soient rejetés : le souci de construire la psychologie sur la base de faits observables par tous demeure une préoccupation partagée par les psychologues scientifiques.

d'un dispositif inné d'acquisition, peu modifié par l'influence de l'environnement.

Ces conceptions extrêmes ne sont plus guère défendues avec vigueur actuellement dans la communauté scientifique et beaucoup de psychologues adoptent plutôt une perspective **interactionniste et dynamique**, dans laquelle l'enfant et son environnement s'influencent réciproquement au cours du développement, ou une approche **pragmatique** centrée sur la fonction de communication du langage. Les **approches récentes en psychologie cognitive** devraient, au cours des prochaines années, apporter un renouvellement des données dans le domaine du développement du langage chez l'enfant ; actuellement elles s'intéressent surtout au fonctionnement de l'adulte, normal ou cérébro-lésé, et leurs incursions dans la psychologie du développement concernent essentiellement l'activité de lecture.

Reprenons ces différentes perspectives de manière plus détaillée.

1. Le courant béhavioriste

Pour les béhavioristes classiques comme Skinner, psychologue américain (1904-1990), le langage est un comportement et relève des lois générales du comportement. Le comportement verbal est une réponse à des stimuli, et dépend donc d'éléments de la situation (externes ou internes). L'enfant apprend le langage en utilisant des mécanismes d'apprentissage non spécifiques, qu'il utilise aussi pour les autres comportements. La position béhavioriste laisse très peu de place à l'innéité et suppose seulement que l'enfant, à la naissance, dispose d'une capacité générale d'apprendre. En outre, le courant béhavioriste ne reconnaît pas de statut particulier à l'enfant dans l'analyse fonctionnelle du comportement ; on considère seulement des différences de niveau de complexité entre l'enfant et l'adulte dans l'organisation du comportement.

« L'habitude verbale », comme les autres habitudes, correspond à l'association entre un stimulus et une réponse par l'effet d'un éventuel renforcement. Selon Reuchlin (1986), le comportement verbal est une variété de « comportement opérant » : un « opérant » émis dans des circonstances déterminées (par exemple : l'opérant « de l'eau ! » émis lorsque l'enfant a soif) a un effet sur l'environnement qui exerce un effet en retour sur l'organisme ayant émis cet « opérant » (par exemple, en donnant un verre d'eau à l'enfant) ; tout « opérant » (verbal ou non) acquiert de la « force » (une probabilité d'émission ou d'apparition) lorsqu'il est suivi fréquemment d'un événement appelé « renforcement » (dans l'exemple ci-dessus : obtenir un verre d'eau).

Ainsi, dans les premières étapes de l'apparition du langage, une approximation grossière de l'opérant verbal est renforcée par l'entourage dès qu'elle apparaît, puis on exige progressivement une approximation de plus en plus fine. Les expressions de l'enfant qui ne sont pas renforcées disparaissent par extinction.

Plusieurs critiques ont été adressées à cette approche : elle ne reconnaît pas de spécificité au langage ; elle est plutôt réductionniste et traite le langage en termes de stimulus, réponse, renforcement, c'est-à-dire comme les comportements les plus élémentaires et les plus simples, sans tenir compte des processus mentaux, des stratégies, de l'intervention active du sujet dans l'élaboration de son comportement.

Néanmoins, le béhaviorisme a permis de recueillir un nombre considérable de données empiriques (voir par exemple Ehrlich, 1975), et de développer une démarche expérimentale très précise qui reste utile, même si les aspects théoriques initiaux de cette théorie sont aujourd'hui contestés, y compris par ceux qui pourraient être qualifiés de néo-behavioristes ou de béhavioristes sociaux (Bandura, 1980 ; Rondal, 1983 par exemple).

■ Bandura : la théorie de l'apprentissage social, l'apprentissage par observation et le modelage

Les développements intervenus en théorie du comportement ont déplacé l'accent dans l'analyse causale des déterminants internes à une étude détaillée des influences externes sur le comportement humain. Le comportement a été systématiquement analysé, en termes de conditions de renforcement qui le maintiennent [...] (p. 14)

La plupart des auteurs qui s'intéressent à la controverse sur les déterminants de la variation comportementale ont finalement adopté le point de vue selon lequel le comportement est la résultante de l'interaction des personnes et des situations plutôt que l'influence d'un des deux facteurs considérés séparément [...] (p. 15)

Dans la conception de l'interaction avancée par la théorie de l'apprentissage social, conception analysée en détail plus loin comme un processus de déterminisme réciproque, le comportement, les autres facteurs personnels et les facteurs environnementaux opèrent tous comme des déterminants interdépendants les uns des autres. Les influences relatives exercées par ces facteurs interdépendants diffèrent selon les situations et les comportements [...] (p. 16)

Dans le cadre de la théorie de l'apprentissage social, les individus ne sont pas vus comme menés par des forces internes non plus que simplement mus par des stimuli environnementaux. Le fonctionnement psychologique y est expliqué en termes d'une interaction continue et réciproque entre les déterminants personnels et environnementaux. Au sein de cette approche, les processus symboliques, vicariants et autorégulateurs ont un rôle éminent.

Les théories psychologiques ont traditionnellement supposé que l'apprentissage ne peut se faire qu'en accomplissant une action et en faisant l'expérience de ses conséquences. En réalité, pratiquement tous les phénomènes d'apprentissage par expérience directe surviennent sur une base vicariante, c'est-à-dire en observant le comportement des autres et les conséquences qui en résultent pour eux. Le fait de pouvoir apprendre par observation rend les gens capables d'acquérir des répertoires comportementaux larges et coordonnés sans avoir à les élaborer graduellement par un processus laborieux d'essais et d'erreurs.

Le raccourcissement du processus d'acquisition au moyen de l'apprentissage par observation est vital à la fois pour le développement et la survie [...] c'est pour cette raison qu'on n'apprend pas aux enfants à nager, aux adolescents à conduire une voiture automobile, et aux étudiants en médecine à effectuer une intervention chirurgicale en les laissant découvrir par eux-mêmes les comportements appropriés à travers les réussites et les échecs [...]

Certains comportements complexes ne peuvent être produits que par modelage. Si les enfants n'avaient jamais l'occasion d'entendre les productions verbales des modèles autour d'eux, il serait virtuellement impossible de leur enseigner le savoir-faire linguistique qui fonde le langage [...] Lorsque de nouvelles formes de comportement ne peuvent être transmises effectivement qu'au moyen d'indices sociaux, le modelage est une partie indispensable de l'apprentissage. (p. 19-20)

A. Bandura, *L'apprentissage social*, Bruxelles, Mardaga, 1980.

2. Le courant maturationniste et les travaux de Chomsky

Le théoricien de référence dans ce domaine est Arnold Gesell, psychologue et pédiatre américain (1880-1961) qui s'est attaché à une description détaillée des séquences du développement psychologique, en utilisant des techniques d'observation très précises. Il est à l'origine des premiers « baby-tests », ces outils destinés à donner des repères aux praticiens pour situer les performances et les comportements individuels par rapport à des normes de développement.

Pour Gesell, l'existence d'un ordre fixe d'apparition des comportements renvoie à une programmation interne, comme c'est le cas pour la croissance physique. L'expérience et l'apprentissage ont peu d'effet sur cet ordre, et les différences interindividuelles ne sont que l'expression de différences innées, qui émergent progressivement sous l'effet de la maturation. A l'appui de cette théorie, on pourrait citer les échecs des apprentissages trop précoces ou encore les retards de développement limités lorsque de jeunes enfants, victimes de certaines privations éducatives, retrouvent des conditions normales d'apprentissage ou d'exercice. Mais ces résultats sont obtenus essentiellement dans des activités motrices (déplacements ou manipulation d'objets) ou concernent les premières années de la vie.

On a fait l'hypothèse de « périodes critiques » qui constituent des limites temporelles à l'intérieur desquelles certaines acquisitions sont possibles[1] et l'exemple des « enfants sauvages » (qui auraient été élevés sans environnement humain) sert souvent de référence, notamment pour le développement du langage.

Le prolongement de ce courant se retrouve dans les travaux de Noam Chomsky dont l'ouvrage *Syntactic structures* (1957) marqua le renouveau de la recherche en linguistique et se trouva au centre des débats des années 60 en psychologie du langage.

Selon Chomsky (1979) :

> On peut envisager une grammaire, représentée d'une manière ou d'une autre dans l'esprit, comme un système qui spécifie les propriétés phoné-

---

[1] Des « périodes critiques » ont pu être identifiées chez certains animaux, notamment pour l'apprentissage du chant chez des oiseaux ; elles sont contestées chez les mammifères, et en particulier chez l'homme.

tiques, syntaxiques et sémantiques d'une classe infinie de phrases possibles. (p. 65)

Ce système est fixe, propre à l'espèce humaine et génétiquement déterminé, et il correspond à un « dispositif inné d'acquisition du langage » (le LAD, Language Acquisition Device). Chomsky fait même l'hypothèse que ce LAD pourrait constituer un mécanisme neurologique particulier, ce qui n'a pas été démontré à l'heure actuelle, même si les travaux récents en neuropsychologie confirment la spécialisation à la fois anatomique et fonctionnelle de l'hémisphère gauche pour le langage, et l'existence de plusieurs ensembles de réseaux neuronaux intervenant dans le traitement du langage, en compréhension et en production. Comme le dit fort justement Pêcheux (1994, p. 71) :

> Quelles liaisons entre des structures neurologiques et une compétence peut-être innée à distinguer entre verbes et substantifs ? A tout le moins bien des avancées sont encore nécessaires pour fonder une telle interprétation.

Les apports de Chomsky n'en restent pas moins très importants, notamment pour l'analyse des structures de construction du langage (grammaire générative) et pour la distinction (contestée elle-aussi) entre compétence et performance. La compétence peut être définie comme l'ensemble de règles linguistiques que posséderait tout individu par rapport à sa langue, qui s'actualiserait dans ses comportements verbaux, c'est-à-dire dans ses actes de performance ou ses conduites langagières effectivement observables (production d'énoncés, compréhension du discours, etc.). Mais une langue présente-t-elle réellement le caractère monolithique impliqué par cette notion de compétence ?

■ **Compétence**. Ensemble des savoirs linguistiques d'un locuteur, qui lui permet de comprendre et de produire un nombre infini de phrases.

Dans la théorie de N. Chomsky, la *compétence* s'oppose à la *performance*, d'une façon pas très éloignée de celle dont la *langue* s'oppose à la *parole* chez F. de Saussure. Toutefois, la notion de compétence se rapporte à un locuteur individuel, alors que la langue est une entité sociale. Dans les premières formes de la grammaire générative de Chomsky, il revenait à la seule linguistique de mettre au jour les règles qui constitue la compétence, et à

> la psychologie d'étudier la performance, c'est-à-dire de déterminer comment ces règles fonctionnent chez le locuteur réel, avec les limitations dues aux insuffisances de sa mémoire et de son système de traitement cognitif.
> Postérieurement, on a essayé d'élaborer des modèles de compétence, qui tentent de décrire celle-ci d'un point de vue psychologique.
> Bien que la distinction entre compétence et performance ait connu un grand succès, un certain nombre de psychologues du langage pensent aujourd'hui qu'on doit la relativiser. La notion de compétence individuelle devient alors un cas particulier de la « capacité », ou, si celle-ci est élevée, d'expertise.
>
> J.-F. Le Ny, *Grand Dictionnaire de la Psychologie*, Paris, Larousse, 1991.

Les comparaisons interlangues montrent l'existence d'invariants cognitifs associés à la représentation du temps, de l'espace, de la causalité, des relations agent-action. Mais, comme le souligne Michèle Kail (1992, p. 22) :

> Même si l'on fait l'hypothèse que des processus universels sont impliqués dans le développement du langage, chaque langue pose à l'enfant un ensemble de problèmes spécifiques, la question centrale étant de savoir si et comment la structure de la langue à acquérir affecte le processus d'apprentissage lui-même.

En outre, une langue correspond à de nombreux usages et registres d'utilisation, et non pas à un seul : la réplique connue « si j'aurais su, j'aurai pas venu » et « si j'avais su, je ne serais pas venu » sont comprises par des francophones, même si la première ne correspond pas au registre « standard » du français. Il faut également ajouter que la prise en compte des conditions de l'énonciation joue un rôle important dans le traitement du langage : les locuteurs doivent savoir qu'une question peut, selon les cas, solliciter une demande d'information (« Quel jour sommes-nous ? ») ou une action (« Peux-tu fermer la fenêtre ? »). Un système formel de description des langues ne peut rendre compte des processus psychologiques de traitement du langage, et la définition de la notion de compétence doit être plus large que celle donnée par Chomsky pour rendre compte des aspects fonctionnels du langage et de sa dimension culturelle.

3. Les perspectives cognitives actuelles

A partir des années 80, un certain nombre de chercheurs, dans la lignée des idées de Chomsky, et à la suite des travaux de Fodor (1983), ont continué à défendre la thèse d'un langage autonome, d'un « module » ayant sa structure propre, indépendant du reste de la vie mentale. La **conception modulariste** du traitement du langage fait de celui-ci un « système périphérique » spécialisé dans le traitement des données verbales, imperméable à tout autre type d'information (connaissances générales, contexte, etc.) et à tout contrôle central, d'où la rapidité de son fonctionnement. Ce module reçoit par exemple à l'entrée le produit de l'analyse acoustique effectuée par les transducteurs sensoriels ; à la sortie il fournit la forme linguistique de l'énoncé, et probablement sa forme logique ; il appartient ensuite aux systèmes centraux, non modulaires, de l'interpréter à partir des caractéristiques de la situation et des connaissances générales. Ce système repose sur une architecture neuronale fixe, et ses principes de fonctionnement sont biologiquement déterminés (voir par exemple les travaux de Mehler sur les capacités linguistiques du nouveau-né : Mehler & Dupoux, 1990).

Cette perspective a servi de base aux développements des modèles informatiques construits sur une architecture du traitement de l'information et suppose une conception essentiellement syntaxique et formaliste du langage, qui est loin de faire l'unanimité des linguistes. Elle a aussi permis de développer de nouveaux travaux sur l'accès au lexique : le lexique mental serait constitué de « formes » qui seraient d'abord « activées », identifiées par des processus automatiques « de bas en haut » ; la signification correspondant à la forme lexicale ne serait sélectionnée qu'ensuite, sous l'effet de traitements « de haut en bas », guidés par les connaissances générales et le contexte ; le traitement de la signification serait donc un processus « post-lexical », qui interviendrait en sortie du module lexical, celui-ci n'étant pas soumis aux effets du contexte. Cette conception trouve des applications actuellement dans le champ de la psychologie cognitive de la lecture (voir par exemple Fayol *et al.*, 1992). Les données actuelles quant à l'existence de processus spécialisés, fonctionnant de façon modulaire, ne semblent pas décisives, mais permettraient plutôt d'affirmer une modularité partielle de certains niveaux de traitement ; leur perméabilité à certaines informations de niveau supérieur ne serait pas exclue ; ils pourraient constituer le produit d'une automatisation plutôt que d'avoir une origine innée. La distinction entre traitements contrôlés et traitements automatisés constitue l'un des thèmes majeurs de la psychologie cognitive contemporaine : les premiers supposent la mise en œuvre d'une série d'opérations, ils sont lents, ils nécessitent un effort de la part du sujet, et leur activation gêne la mise en œuvre d'autres traitements ; les seconds sont rapides, peu coûteux, et leur mise en œuvre, étant indépendante des limitations des ressources cognitives, laisse la place à des traitements parallèles ; les processus cognitifs automatisés sont irrépressibles : on ne peut pas ne pas les exécuter lorsque les conditions externes de leur déclenchement sont remplies. Bien des activités seraient ainsi automatisées chez l'adulte ou l'expert, alors qu'elles demeurent contrôlées chez l'enfant (ou le novice).

Pour beaucoup d'autres chercheurs, le traitement du langage n'est qu'un des aspects du fonctionnement mental général. Dans le cadre des **modèles connexionnistes**, le fonctionnement cognitif est conçu comme celui d'un grand nombre de processeurs spécialisés, constituant un réseau d'interconnections nombreuses et fonctionnant non pas en traitement séquentiel, comme dans les modèles précédents, mais en traitement parallèle (cf. McClelland, Rumelhart *et al.*, 1986). Ces modèles sont inspirés du fonctionnement du cerveau (sans que l'on puisse pour l'instant trouver une réelle correspondance entre la notion de réseaux connexionnistes et le réseau neuronal). Ces modèles rendent compte de plusieurs aspects intéressants dans le traitement du langage : le traitement simultané d'un nombre important de contraintes différentes, la possibilité de rendre compte de processus interactifs et de certains aspects modulaires du traitement, la capacité à traiter des informations incomplètes, et certains aspects des processus d'apprentissage.

Les travaux actuels de **neuropsychologie cognitive** (cf. Segui, 1994), grâce à de nouvelles méthodes d'étude de l'activité cérébrale (tomographie par émission de positons, TEP) permettent d'aborder plus précisément l'étude des relations entre l'organisation cérébrale et l'organisation cognitive dans certains domaines du traitement du langage. Alors que la neuropsychologie classique s'intéressait aux seules structures cérébrales (hémisphères, lobes, aires cérébrales), le niveau de la description est devenu celui des réseaux neuronaux locaux ou des neurones individuels.

On a ainsi commencé à étudier les variations de l'activité électrique corticale lors de traitements linguistiques (lire des mots, comprendre un énoncé, etc.). On a pu de cette manière vérifier l'hypothèse de la modularité de certaines composantes de traitement (phonologique, sémantique, syntaxique, etc.) ; on a également pu repérer les aires cérébrales activées par différents mots en fonction de leur modalité de présentation (visuelle, auditive) et du type de traitement effectué (réception passive, répétition d'un mot, production d'un mot sémantiquement associé) : la tâche la plus complexe (association sémantique) active un ensemble important de régions du cerveau, et en particulier celles du lobe frontal. Diverses hypothèses cognitives ont ainsi pu être testées, sur des sujets normaux et des sujets cérébro-lésés : dans le domaine de la lecture de mots par exemple, l'absence d'activation de l'aire associée au traitement phonologique laisse penser que l'accès à la signification ne passerait pas par un processus d'encodage phonologique. L'approche cognitiviste en neurosciences devrait permettre, au cours des prochaines années, d'établir les corrélats neurobiologiques de phénomènes cognitifs décrits par la psychologie, tels le traitement et peut-être l'acquisition du langage.

Ainsi qu'on le voit, le débat est loin d'être clos, mais, comme le souligne Caron (1992), dans tous les cas, la nature des mécanismes que l'on cherche à dégager est la même :

> L'approche en termes de traitement de l'information, qui s'est progressivement imposée au cours des 20 dernières années, et qui a marqué la rupture de la psychologie avec le paradigme béhavioriste, constitue le terrain commun de toutes les recherches. (p. 24)

Ces recherches en psychologie cognitive, au sens large, devraient avoir dans les années prochaines des prolongements dans le champ de la psychologie du développement et nous apporter des données, encore limitées actuellement, sur le fonctionnement psychologique des jeunes enfants et l'acquisition du langage[1].

---

1 Outre les références citées dans le texte, le lecteur pourra se reporter, pour des discussions sur ces différents cadres théoriques, aux ouvrages suivants :
• Py G., *L'enfant et l'école maternelle: les enjeux*, Paris, Armand Colin, 1993, p. 53-63.
• Weil-Barais A. sous la dir. de, *L'homme cognitif*, Paris, PUF, 1993, troisième partie.
• Gaonac'h D., Golder C., coordonné par, *Manuel de psychologie pour l'enseignement*, Paris, Hachette Éducation, Profession enseignant, 1995. Voir notamment : partie 1, « La psychologie cognitive » ; partie 3, « La lecture-compréhension, fonctionnement et apprentissage », « Les troubles cognitifs de la scolarité ou la galaxie dys ».

4. La perspective interactionniste et dynamique

Il peut paraître évident que la construction du langage chez l'enfant n'est pas indépendante des échanges verbaux qu'il peut avoir avec son entourage. Néanmoins, ce n'est qu'à partir des années soixante-dix que ces échanges verbaux, notamment dans les premières années de la vie, sont devenus objet de recherches : évolution théorique, nouvelles méthodologies et techniques d'enregistrement sont à l'origine de cet intérêt relativement récent en psycholinguistique développementale. Encore convient-il de souligner que l'ancrage social du langage avait déjà été souligné depuis fort longtemps : dans les années trente en URSS par Bakhtine et par Vygotsky (voir Schneuwly & Bronckart, 1985), dans les années cinquante aux USA par le groupe de Palo Alto notamment (voir Bachmann et al., 1981). Ces travaux, découverts ou redécouverts bien des années plus tard, inspirent de nombreuses recherches actuelles.

A la base de ces recherches, se trouve la notion d'interaction, c'est-à-dire toute action conjointe mettant en présence au moins deux acteurs[1]. Cette notion ne se limite pas au domaine verbal ; tout comportement (un choix vestimentaire, un geste ou une absence de geste) engendre du sens, d'où le principe célèbre du groupe de Palo Alto[2] : « on ne peut pas ne pas communiquer ».

En outre, si l'on considère, comme Vygotsky[3], que l'individu est le résultat de ses rapports sociaux et le développement cognitif l'intériorisation d'une culture, il est tout à fait indispensable de comprendre comment l'interaction entre l'enfant et son environnement constitue le moteur de l'acquisition du langage, comment les plus experts contribuent au dévelop-

---

[1] Ce rôle central de l'interaction entre l'enfant et son environnement se retrouve dans plusieurs théories du développement cognitif, notamment chez Piaget, et sous des formes différentes chez Wallon et Bruner.

[2] Il s'agit d'un mouvement d'idées qui s'est développé dans cette ville, banlieue de San Francisco vers le milieu des années cinquante, à l'initiative de l'anthropologue Bateson ; il a proposé de nouvelles approches en psychiatrie, en étudiant notamment la communication entre le schizophrène et son environnement, constituée de messages paradoxaux.

[3] Vygotsky, psychologue soviétique (1896-1934), élabora une théorie historico-culturelle du psychisme. Selon lui, l'intelligence se développe grâce à certains outils psychologiques fournis par l'environnement social, dont le plus important est le langage ; l'activité pratique serait intériorisée en activités mentales de plus en plus complexes grâce au langage, source de la formation des concepts. Ses travaux furent longtemps censurés comme antimarxistes.

pement des compétences du novice. Le développement langagier se réalise dans des interactions avec l'entourage de l'enfant ; les personnes qui le constituent contribuent activement à guider, réguler, terminer le comportement de l'enfant. Vygotsky distingue le « développement actuel de l'enfant » et la « zone proximale de développement » : la première correspond aux capacités de l'enfant à réaliser seul des activités, sans aide ; la seconde est l'écart entre la première et ces mêmes capacités avec l'aide, le guidage ou la collaboration d'autres personnes, « agents » du développement. Ce modèle théorique est largement utilisé pour étudier l'enfant d'âge scolaire et préscolaire, mais son application aux premiers mois de la vie reste encore problématique, comme le souligne Pécheux (1994), compte tenu du poids des phénomènes de maturation.

■ Vygotsky : le rapport entre développement et apprentissage ; les caractéristiques de ce rapport à l'âge scolaire

C'est une constatation empirique, souvent vérifiée et indiscutable, que l'apprentissage est en relation avec le niveau de développement de l'enfant. Il n'est pas du tout nécessaire de fournir une preuve pour démontrer qu'on ne peut commencer à enseigner la lecture et l'écriture qu'à un âge déterminé, que l'enfant n'est en mesure d'apprendre l'algèbre qu'à un certain âge aussi. Nous pouvons donc tranquillement prendre comme point de départ le fait fondamental et incontestable qu'il existe une relation entre un niveau donné de développement et la capacité potentielle d'apprentissage [...] Il est nécessaire de déterminer au moins *deux niveaux de développement*, sinon on ne réussit pas à trouver la relation entre développement et possibilité d'apprentissage. Nous appelons le premier de ces niveaux *développement actuel de l'enfant*. Il correspond au degré de développement atteint par les fonctions psychiques de l'enfant.
Lorsqu'on définit l'âge mental d'un enfant à l'aide de tests, on parle justement de ce développement actuel. Mais comme le démontre l'expérience, ce niveau de développement actuel de l'enfant ne permet pas de définir complètement l'état de développement d'un enfant à un moment donné. Imaginons que nous avons soumis deux enfants à un examen et que nous avons fixé leur âge mental à sept ans. Cela signifie que les deux enfants sont en mesure de résoudre des tâches accessibles à des enfants de cet âge. Mais si nous essayons de leur faire résoudre d'autres tests, une différence importante peut apparaître entre eux. A l'aide de questions posées, d'exemples, etc., l'un pourra résoudre facilement des tests adaptés aux sujets de deux ans plus

âgés ; l'autre par contre, résoudra seulement le test qui dépasse de six mois son âge.

Nous rencontrons ici des faits permettant de définir le concept de *zone proximale de développement*. Il s'agit d'un concept lié à son tour à une réévaluation du problème de l'imitation dans la psychologie contemporaine.

Le point de vue communément accepté est de considérer l'activité autonome de l'enfant et non pas l'imitation comme seule indication possible du degré de développement mental. Cette opinion est à la base de tous les systèmes modernes de mesure psychologique. Pour évaluer le développement mental, on ne tient compte que des tests que l'enfant résout seul, sans l'aide des autres et sans être aidé par des questions appropriées [...]

(L'enfant) peut imiter de nombreuses actions qui dépassent de loin les limites de ses capacités. Grâce à l'imitation, dans une activité collective, sous la direction d'adultes, l'enfant est en mesure de réaliser beaucoup plus que ce qu'il réussit à faire de façon autonome. La différence entre le niveau de résolution de problèmes sous la direction et avec l'aide d'adultes et celui atteint seul définit la zone proximale de développement.

Souvenons-nous de l'exemple que nous venons de donner, (des deux enfants de sept ans) [...] le développement mental de ces deux enfants est-il le même ? Du point de vue de leur activité autonome, oui ; mais du point de vue de leur capacité potentielle de développement ils sont très différents. Ce que l'enfant est capable de réaliser avec l'aide de l'adulte délimite sa zone proximale de développement. Avec cette méthode nous pouvons tenir compte non seulement du processus de développement déjà réalisé et des processus de maturation qui ont déjà eu lieu, mais aussi de ceux qui sont en devenir, qui sont en train de se développer et de mûrir.

Ce que l'enfant est en mesure de faire aujourd'hui à l'aide des adultes, il pourra l'accomplir seul demain [...] Un enseignement orienté vers un stade déjà acquis est inefficace. Il n'est pas en mesure de diriger le processus développemental mais est entraîné par celui-ci. La théorie de la zone proximale de développement se traduit par une formulation qui est exactement contraire à l'orientation traditionnelle : *le seul bon enseignement est celui qui précède le développement* [...]

Chaque fonction psychique supérieure apparaît deux fois au cours du développement de l'enfant : d'abord comme activité collective, sociale et donc comme fonction interpsychique, puis la deuxième fois comme activité individuelle, comme propriété intérieure de la pensée de l'enfant, comme fonction intrapsychique.

L.S. Vygotsky, « Le problème de l'enseignement et du développement mental à l'âge scolaire », 1933, in B. Schneuwly & J.P. Bronckart, *Vygotsky aujourd'hui*, Neuchâtel, Delachaux et Niestlé, Textes de base, 1985, p. 106 à 111.

Cette conception sociale du sujet, présente dans différentes sciences humaines, a conduit à considérer le langage, non plus seulement comme un moyen d'encoder des significations, mais comme un moyen d'action sur autrui, installant une relation entre deux ou plusieurs personnes ; il s'agit de comprendre non seulement comment l'enfant acquiert les « outils » du langage (structures lexicales, concepts, relations sémantiques, règles syntaxiques), mais aussi comment il apprend à les utiliser dans ses activités de communication avec son environnement humain.

Plus précisément, l'unité de base du langage n'est plus le mot ou la phrase, mais le discours que l'enfant apprend à maîtriser dans ses différentes formes, à travers ses interactions. Cette conception textuelle du langage conduit à reconnaître l'existence de différents types de discours (récit oral, échange de salutations, rédaction écrite, etc.), caractérisés par des structures et des marques linguistiques partiellement différentes. En ce sens, on considère moins aujourd'hui l'acquisition du langage que la construction d'un répertoire de conduites langagières, en fonction des différentes situations rencontrées par l'enfant. Le prototype de ces conduites correspondrait au dialogue, à partir duquel les autres conduites se développeraient, en se différenciant.

5. L'approche pragmatique

Les travaux de psycholinguistique pragmatique prennent en compte la fonction de communication du langage ; ils puisent leur inspiration dans des recherches sur l'énonciation (Benveniste, 1966) et dans la philosophie du langage d'Austin (1969) et de Searle (1972).

La notion d'acte de langage

L'unité de base, pour rendre compte des conversations, est l'acte de langage ou acte de parole : tout énoncé est un acte qui crée des relations nouvelles entre l'énonciateur, son partenaire, et le contenu de l'énoncé. Il sert à la réalisation d'un acte social, conventionnel. Cette valeur sociale fait partie intégrante de la signification linguistique. On distingue trois dimensions à l'acte de langage :

– *l'aspect locutoire* : la production de l'acte nécessite une certaine activité mentale : choix et ordre des mots ; elle nécessite aussi une certaine activité physique, pour l'articulation de l'énoncé ;
– *l'aspect perlocutoire* : l'acte aura des conséquences (prévisibles ou non) : rassurer l'auditeur, le convaincre, l'intimider, le désespérer… ;
– *l'aspect illocutoire* : c'est l'aspect le plus important, la fonction de communication de l'acte, « ce qu'on veut dire », qui peut être différent de « ce qui est dit » d'après les règles de la langue. L'exemple canonique est celui de la phrase « peux-tu me passer le sel ? » : il ne s'agit pas réellement d'une interrogation (la réponse attendue n'est pas « oui » ou « non »), mais d'une demande d'action que, pour des raisons de politesse, on n'exprime pas sous la forme d'un ordre (« passe-moi le sel !).

L'approche pragmatique permet de distinguer ce qui est dit, ce que cela veut dire, c'est-à-dire la forme du message et la signification transmise.

Comment l'enfant va-t-il développer sa compréhension et sa production des actes de langage à travers un ensemble de règles, de conventions, de savoirs partagés, sous-jacents aux communications verbales comme à l'ensemble des activités sociales ? Pour cela on considère les grandes catégories d'utilisation du langage, c'est-à-dire les actes de langage définis par l'acte social intentionnel réalisé par le locuteur. On considère ensuite les paramètres qui définissent un acte de langage : l'interlocuteur, plus ou moins familier ou compréhensif, la nature du but visé par le locuteur, etc.

Les types d'actes de langage

Plusieurs typologies existent ; certaines sont fréquemment utilisées en psychologie du développement. Searle et Vanderveken (1985) distinguent cinq types d'actes, en fonction de la différence de but ou de propos de l'acte illocutoire (la prière ou l'ordre par exemple), de la différence d'ajustement entre les mots et la réalité (par exemple selon que l'on constate ou que l'on demande), et de la différence d'état psychologique exprimé : intention, croyance, désir, regret.

■ **Les assertifs** manifestent l'engagement du locuteur sur la vérité ou l'existence d'une proposition exprimée ; le locuteur a des raisons de penser que le contenu de ce qu'il dit est vrai ; la direction d'ajustement fait que les mots correspondent au monde ; l'état psychologique exprimé est celui de la croyance. Variant selon plusieurs critères (condition préparatoire, condition de sincérité, contenu propositionnel, intensité de la force illocutoire, mode de réalisation), plusieurs assertifs peuvent être distinguer, pour rappeler ou informer, revendiquer ou se plaindre, rapporter ou prédire, supposer ou affirmer, discuter ou témoigner.

■ **Les directifs** correspondent à des tentatives du locuteur de faire faire quelque chose à son interlocuteur ; ils permettent d'exiger ou de demander, d'encourager, d'interdire ou de recommander.

■ **Les promissifs** engagent le locuteur à adopter une certaine conduite dans le futur : ils permettent de promettre ou de menacer, de prêter serment, de consentir.

■ **Les expressifs** permettent d'exprimer un état psychologique du locuteur à propos de l'état du monde : souhait, regret par exemple.

■ **Les déclarations** entraînent une modification du statut de l'objet ou de la personne auxquels elles font référence (exemple : « je vous nomme ministre »).

Un même énoncé peut correspondre à la réalisation simultanée de plusieurs actes de langage, à des degrés divers, être à la fois assertif et directif par exemple : « il fait froid aujourd'hui » peut informer l'interlocuteur sur l'état météorologique du jour et correspondre à une demande de fermeture de la fenêtre.

L'évolution de la compréhension et de la production

Les actes illocutoires indirects (exemple : « je suis fatigué », pour signifier « porte-moi dans tes bras ») proches de l'allusion, de l'insinuation, de l'ironie ou de la métaphore, ont fait l'objet de nombreuses études psychologiques (Bernicot, 1992).

Dès l'âge d'un an et demi, les enfants, dans la mesure où ils répondent par des actions appropriées, semblent comprendre autant les demandes indirectes conventionnelles que les demandes directes ; à trois ou quatre ans, ils peuvent comprendre des allusions. Certains éléments contextuels jouent un rôle plus ou moins facilitateur (contact visuel ou non avec l'interlocuteur ; fonction liée ou non à l'activité de l'enfant). Jusqu'à 5 ou 6 ans, la compréhension est liée à l'action à réaliser ; au-delà, elle est liée à la compréhension de l'intention du locuteur, et donc à la possibilité de l'inférer.

> ■ **La logique de la conversation**
>
> Le philosophe anglais Grice (1975) a cherché à fonder ce type d'inférences sur ce qu'il appelle « une logique de la conversation ». La communication verbale repose, selon lui, sur un principe général, qui est le *principe de coopération* : toute contribution à l'échange conversationnel est présumée correspondre à ce qui est exigé du locuteur par le but de cet échange. Ce qui entraîne que le locuteur est censé : a) fournir autant d'information, et pas plus, qu'il n'est requis (maxime de quantité) ; b) n'affirmer que ce qu'il croit vrai, ou ce pour quoi il possède des preuves (maxime de qualité) ; c) ne dire que ce qui est pertinent (maxime de relation) ; d) être clair, c'est-à-dire éviter l'ambiguïté, l'obscurité, la prolixité, le désordre (maxime de manière).
> Toute conversation suppose une acceptation tacite de ces règles, sur lesquelles se fonde l'interprétation de l'auditeur. Si l'une de ces règles se trouve ouvertement violée, c'est que le locuteur a une raison X de ne pas l'appliquer, et qu'il sait que son partenaire est en mesure d'identifier X comme raison de son infraction : c'est donc une façon indirecte d'énoncer X. Grice appelle ce type d'inférence *implicature conversationnelle*. Ainsi, dans l'exemple cité (« tu peux me passer le sel ? »), la question posée viole la maxime de pertinence : le locuteur n'a apparemment aucune raison de s'informer des capacités physiques de l'auditeur à déplacer la salière. L'énoncé sera donc interprété comme un moyen indirect de formuler une requête (et d'exprimer en même temps que son auteur, par politesse, ne veut pas donner un ordre).
>
> J. Caron, *Précis de psycholinguistique*, Paris, PUF, 1992, p. 43-44.

Entre 2 et 4 ans les enfants sont en mesure de produire différentes formes de demandes ; jusqu'à 5 ans celles-ci sont toutefois familières, peu précises et marquées de significations implicites. Les marques conventionnelles de la politesse sont plus tardives, ainsi qu'une réelle précision des demandes. Des adaptations à l'interlocuteur apparaissent dès l'âge de 4 ans, selon que l'interlocuteur de l'enfant est plus ou moins âgé, plus ou moins amical, plus ou moins occupé.

Ce sont d'abord les adultes qui vont aider l'enfant à maîtriser la compréhension et la production de ces différents actes de parole et des fonctions de communication de l'énoncé, en lui fournissant un « étayage » (Bruner, 1983) à travers lequel on restreint la complexité de la tâche et on construit des « formats » (Bruner, 1983) qui encadrent l'action de l'enfant et lui permettent de passer de son niveau actuel à son niveau potentiel (voir chap. 3).

Les étapes de l'acquisition 2

1. Les débuts de la socialisation

Exposés pendant la période fœtale à différentes séquences sonores, les nourrissons manifestent une préférence pour la voix maternelle (première voix perçue), pour la langue maternelle, et pour des séquences parlées. Dès la naissance, ils établissent des contacts émotionnels avec leur entourage. La plupart des stimulations qu'ils reçoivent proviennent d'êtres humains : ils sont très attentifs aux visages, ils tournent la tête vers une personne qui parle, et entrent ainsi en contact visuel avec elle. A quelques jours de vie, ils savent différencier l'odeur de leur mère et celle d'une autre personne et sont déjà très sensibles aux contacts physiques et aux caresses qui souvent les calment et font cesser leurs pleurs.

Les pleurs et les cris des bébés sont des comportements primitifs, mais qui leur permettent de contrôler le comportement de l'adulte et obtenir la satisfaction de leurs besoins. Les sourires, plus tardifs, correspondent à différents états de bien-être, de contact social, et constituent pour les parents un stimulus social très puissant auxquels ils réagissent de différentes manières, pour les prolonger ou les susciter à nouveau, en reproduisant le comportement qui les a suscités ou en félicitant leur enfant par exemple.

D'autres comportements sociaux sont également très précoces, et prennent la forme d'une « danse motrice synchronique » du nouveau-né : il s'agit de mouvements d'approche et de retrait, au rythme de la parole de sa mère par exemple. En même temps, la mère règle elle-même sa communication avec l'enfant en se fondant sur les mouvements de la tête et des yeux de celui-ci : elle accentue les expressions de son visage lorsqu'il la regarde et cesse d'interagir lorsqu'il détourne son regard.

Ces observations ont surtout été réalisées avec des mères, mais le nourrisson peut aussi tisser des liens avec les autres membres de son entourage, et notamment avec son père, avec des modes d'interaction partiellement différents quelquefois (les conduites de maternage, par exemple, telles que caresser, parler doucement... seraient plus fréquentes chez les mères) : dans ces contacts avec différents partenaires, l'enfant apprend à diversifier ses compétences sociales. A 8 ou 10 mois, il aime beaucoup interagir avec des bébés de son âge, pour peu qu'on lui en fournisse l'occasion : ils se regardent, vocalisent ensemble, s'explorent réciproquement, et peuvent partager ou échanger des jouets. L'expérience en groupe de jeunes enfants (en crèche, chez une assistante maternelle, ou dans d'autres cadres et occasions) favorise l'apprentissage de rôles sociaux variés et facilite les contacts avec autrui ; notre modèle culturel – très centré sur le rôle des parents et de la mère en particulier – oublie quelquefois cette perspective dans la socialisation des jeunes enfants. Les tout-petits peuvent apprendre beaucoup sans l'intervention des adultes, lorsqu'ils se retrouvent entre eux.

Le nourrisson naît avec le besoin de contact humain et il va former très vite des liens émotionnels particuliers avec les adultes les plus proches, ceux qui ont le plus d'échanges avec lui (sa mère, le plus souvent, mais aussi d'autres personnes). D'après la théorie développée par le psychologue et psychanalyste anglais Bowlby (voir Zazzo, 1979), cet attachement est nettement établi vers 6 mois, il s'accentue jusqu'à 14 ou 18 mois et constitue une dimension fondamentale du développement de la première enfance. Ce lien correspond à des affects particuliers et positifs pour une personne privilégiée (le plus souvent la mère) et se manifeste, physiquement, par la recherche et le maintien de la proximité. L'attachement serait à la base du sentiment de sécurité plus ou moins grand qu'éprouvera l'enfant ultérieurement, de ses capacités à explorer son environnement et à s'adapter à des circonstances nouvelles.

D'une manière générale, on pourrait dire que les êtres humains deviennent importants pour un enfant dans la mesure où ils lui fournissent des événements contingents, en réponse à ses propres comportements : frotter le nez du bébé chaque fois qu'il agite les jambes, vocaliser régulièrement après un gazouillis, jouer à faire coucou derrière une serviette,... constituent des jeux, mais permettent aussi au tout-petit de comprendre que ses propres actions induisent certains comportements chez autrui ; il perçoit ainsi qu'il peut contrôler son environnement et celui-ci devient en quelque sorte prédictible pour lui.

■ Contingence et contrôle sur l'environnement

Les événements qui suivent le comportement indiquent parfois au bébé qu'il contrôle la situation ou qu'il a réussi la tâche [...] On observe que des nourrissons apprennent à tourner la tête du côté où s'allume une lumière ou encore, où du lait leur est offert en contingence. Les bébés continuent à tourner la tête même s'ils sont rassasiés et ne boivent plus ou ne fixent plus la lumière. Après un certain temps, le taux de rotation de tête diminue, comme si l'événement avait perdu sa valeur de renforcement [...] A ce moment il convient non pas de modifier le stimulus conséquent (lumière ou lait) mais plutôt la tâche à effectuer (exemple, tourner deux fois la tête du même côté, alterner de gauche à droite, etc.). Le nourrisson « s'intéresse » alors à la situation. La performance serait renforcée par le fait de *réussir* à allumer la lumière ou faire arriver le lait, et non par l'illumination ou le lait en tant que tel. Watson (1966) remarque que les nourrissons qui contrôlent par leur propre activité les mouvements du mobile suspendu au-dessus de leur lit sourient plus que les bébés qui voient les mêmes mouvements non reliés à leur comportement. La *contingence* entre l'événement et le comportement aurait un impact particulier [...] Une stimulation prend de la valeur parce qu'elle survient en contingence au comportement du bébé. Ce dernier explore la stimulation et y porte davantage attention quand elle est contingente à son comportement que lorsqu'elle apparaît au hasard. (p. 99)

[...] Tout comme le système visuel s'atrophie par non-fonctionnement, le système de « perception de contingence », s'il n'est pas mis en branle dès le moment où le nourrisson est capable de l'utiliser, pourrait s'atrophier avec la perte des structures organiques qui en fournissent la base [...] Une part importante des expériences de la première enfance provient des jeux et interactions de l'adulte avec l'enfant. Le lien d'attachement très particulier du parent avec son enfant, tout comme l'impact du stimulus social, reposerait sur la contingence presque constante, dans ces situations, entre les comportements de l'adulte et ceux du nourrisson. (p. 100)

[...] Si les expériences de contrôle ont des effets favorables sur les conduites du nourrisson, on peut s'interroger sur l'effet d'expériences de non-contrôle ou de non-contingence durant la première enfance. Dans sa vie quotidienne, le nourrisson ne contrôle pas toujours les événements autour de lui (la lumière s'allume, le parent s'approche sans sollicitation de sa part). (p. 102)

[...] Une absence de contrôle sur les événements pendant une période assez prolongée (mais de quelle longueur ?), et comme expérience dominante, risque d'avoir des effets néfastes jusqu'à entraîner l'impuissance, la passivité et la dépression. Ce risque doit être évité. L'expérience de la contingence, au

> contraire, permet l'apprentissage généralisé du contrôle. Le nourrisson devient compétent et efficace pour produire des événements dans son milieu [...] L'expérience préalable du contrôle rend plus facile l'acquisition de nouveaux comportements qui contrôlent les événements. Yarrow (1979) écrit qu'il est important pour l'enfant de développer des attentes et une perception de son propre contrôle sur l'environnement. Ainsi il acquiert un sentiment de compétence et d'autonomie. L'être humain qui perçoit son pouvoir de contrôle peut s'adapter à des environnements diversifiés et faire face activement aux situations. (p. 103)
>
> A. Pomerleau, G. Malcuit, *L'enfant et son environnement*, Bruxelles, Mardaga, 1983.

Les objets d'attachement que l'enfant traîne souvent un peu partout (nounours, mouchoir...) sont particulièrement importants pour lui et son sentiment de sécurité : en effet ils ont presque toujours été associés à des expériences sociales de ce type, c'est-à-dire d'ajustement des comportements aux signaux produits par l'enfant. Aussi ne faut-il pas les ôter à l'enfant sans nécessité, explications et précautions.

2. L'émergence du langage

De la naissance à la période de l'apparition du langage articulé (aux alentours de 18 mois), vont se mettre en place les activités de traitement de la parole et un premier système de communication relativement sophistiqué. Plusieurs aspects sont particulièrement importants du point de vue éducatif, et au-delà des premiers mois.

Dès la troisième ou quatrième semaine de vie, les enfants peuvent discriminer deux sons très proches comme « pa » et « ba » : lorsqu'on leur fait entendre l'un de ces sons de manière répétée, ils finissent par s'habituer et par ne plus réagir, après l'intérêt manifesté au début ; si le premier son diffusé est remplacé par le second, leur intérêt renaît, signe que les deux sons ont bien été discriminés. En outre, les bébés savent distinguer deux émissions d'un même son de deux émissions de sons différents, ce qui est le signe d'une première activité de catégorisation (trouver ce qui est commun au-delà des différences). Cette activité se prolongera plus tard, sous une forme beaucoup plus élaborée, dans les capacités des enfants à discriminer et à catégoriser des noms de fleurs et des noms de fruits, par exemple. Mais discriminer et catégoriser suppose de pouvoir segmenter la chaîne du discours parlé : découper en sons ou groupes de sons qui correspondront plus tard aux mots. Cette capacité à réaliser un traitement discontinu du spectre sonore a probablement une origine innée, ce qui ne signifie pas, loin de là, qu'elle soit d'emblée installée : segmenter la chaîne verbale en mots est une activité encore difficile pour les enfants d'école maternelle (ce dont les enseignants ne sont pas toujours conscients), et qui donne lieu à de nombreuses confusions.

Dans les premières semaines, nous l'avons vu, le bébé apprend que ses productions sonores ont un effet, souvent positif pour lui, sur l'adulte. A deux mois, il a reconnu en celui-ci un partenaire privilégié et vocalise davantage en sa présence qu'en son absence. Dès le troisième ou quatrième mois, la fonction et l'organisation temporelle des échanges mère-enfant les font ressembler à une sorte de conversation : les deux partenaires ne vocalisent plus simultanément, mais à tour de rôle, en laissant entre leurs productions respectives, un court intervalle de temps qui donne à chacun la possibilité d'insérer sa réponse. On considère qu'il s'agit là d'une première acquisition de la notion de tour de parole, qui permet d'affirmer et de maintenir le contact interpersonnel. Ceci est encore un exemple de continuité entre la communication préverbale et le langage, dont on peut s'inspirer pour les pratiques éducatives dans le cadre scolaire, notamment pour l'apprentissage de règles conversationnelles.

La même continuité peut être trouvée dans bien d'autres aspects : par exemple entre le regard vers un objet ou le geste de pointage (montrer du doigt ce qu'on ne peut désigner verbalement) et la dénomination plus tardive de l'objet ; ou encore entre le geste pour obtenir un jouet et une demande verbalisée qui sera produite et sollicitée quelques mois plus tard. Les mères interprètent les gestes et les vocalisations de leur enfant en fonction des désirs et des intentions qu'elles leur prêtent, dans le cadre de ce que Bruner (1983) appelle des « formats de communication », c'est-à-dire des « échanges habituels qui fournissent un cadre pour l'interprétation concrète de l'intention de communication entre mère et enfant » (p. 171). Ce « code commun », mis en place dans les premiers mois, va permettre pour l'enfant le développement de la communication. Le langage se développe dans un contexte « de dialogue d'action », dans lequel une action est entreprise conjointement par l'enfant et l'adulte. On peut retrouver des exemples de tels fonctionnements ou s'en inspirer, quelques années plus tard, avec des formes partiellement différentes, lorsqu'un enseignant de maternelle sollicite l'expression verbale d'un enfant ou tente de la comprendre.

En outre, l'adulte adapte son langage aux capacités de l'enfant (voir chap. 3), en utilisant, de manière souvent inconsciente, divers procédés de simplification de son discours : hauteur tonale plus élevée avec un tout-petit, rythme d'élocution plus lent, forte utilisation de mots très fréquents dans la langue ou à référence concrète (désignant des personnes, des objets ou des actions en cours, par exemple) ; la longueur moyenne de ses énoncés[1] augmente avec l'âge de l'enfant, en étant toujours légèrement supérieure à la longueur moyenne des productions de ce dernier.

Le discours de l'adulte adressé au tout-petit est très redondant : il comporte beaucoup d'auto-répétitions et de nombreuses reprises des énoncés enfantins, soit exactes, soit avec ajout d'informations. L'adulte formule souvent des demandes d'information ou d'action, des descriptions et des évaluations. Ces procédés correspondent à des simplifications ou des tentatives de clarification du discours, et sont assez généralement observés dans différentes cultures. Ils contribuent, au moins pour certains d'entre eux, à faciliter l'acquisition de la langue par l'enfant, et ne doivent pas être confondus avec « le parler bébé », lui aussi largement pratiqué, fait de simplifications ou de substitutions lexicales[2], souvent limitées à quelques mots familiers ou à forte connotation affective.

Pour le développement des compétences de communication de l'enfant, l'utilité de tel ou tel procédé de simplification du discours pris isolément reste quelquefois à démontrer ; mais on sait qu'il est important de considérer très tôt l'enfant comme un partenaire actif de la conversation, comme un véritable interlocuteur qui peut prendre des initiatives et auquel on répond : parler **avec** l'enfant plutôt qu'**à** l'enfant. Pour cet aspect comme pour bien d'autres, certains tout-petits sont plus avantagés que d'autres dans leurs premiers échanges sociaux.

---

[1] On peut calculer cet indice sur 100 énoncés par exemple, en divisant le total de mots utilisés par 100.

[2] Ce parler bébé a été observé lui aussi dans différentes cultures, mais il n'est pas certain que tous les parents l'utilisent fréquemment, sauf pour quelques mots familiers ou à forte connotation affective comme « dodo » pour « lit » ou « dormir », « bobo » pour « blessure » ou « avoir mal ».

Après la période des vocalisations, il faut attendre l'âge de 7 ou 8 mois pour que l'enfant commence à produire des formes phonétiquement stables et paraissant contenir quelques éléments de signification : par exemple « tatata » lorsqu'on lui présente son repas. Il est quelquefois difficile de comprendre ces expressions, comme les premiers mots quelques mois plus tard, malgré l'aide du contexte ; mais les erreurs d'interprétation, lorsque le désir de communication n'est pas supplanté par le souci correctif, aident aussi l'enfant en lui montrant que son expression était insuffisante ou impropre. Le répertoire verbal va alors se construire lentement jusqu'à 18 mois (une vingtaine de mots environ), puis connaître une véritable explosion avec l'émergence de la pensée symbolique : 300 mots vers 2 ans, 1 000 vers 3 ans.

Vers 18 mois, chaque mot est utilisé seul et a valeur de phrase (période holophrastique), avec des significations différentes selon le contexte : ainsi le mot « auto » peut signifier « c'est mon auto », « l'auto est partie », « l'auto est tombée », etc. Vers la fin de la deuxième année apparaît la combinatoire permettant la phrase à deux mots, c'est-à-dire le langage proprement dit. Les premières productions à deux mots sont souvent des juxtapositions de deux mots ayant un lien sémantique dans la situation de production, dans un style télégraphique : « auto papa » lorsque la voiture paternelle s'éloigne, « apu gâteau » lorsque le dessert est terminé. Cette organisation constitue le premier aspect de la syntaxe, un petit nombre de mots ayant une position fixe dans les énoncés de l'enfant, soit en première position, soit en seconde (les mots-pivots), les autres mots se combinant avec ceux-ci. Un nombre limité de relations sémantiques rend compte des premières productions à deux mots : agent-action-patient, attribution, possession, localisation, indication de temps, etc.

3. Le développement langagier

A partir de deux ans environ, le développement langagier va s'accélérer, à la fois du point de vue lexical et sémantique (le répertoire de mots et leur sens), de celui de la syntaxe et de l'utilisation du langage. Mais ce développement ne se limite pas à celui de la maîtrise du code et de son usage ; il correspond aussi à un apprentissage culturel, au sens où les êtres humains sont l'expression d'une culture et où la construction du sens est une élaboration culturelle.

Le développement lexical et sémantique

Le développement lexical prend deux aspects : l'accroissement du vocabulaire (le nombre de mots disponibles), et le développement des représentations sémantiques, c'est-à-dire les modifications dans les significations attachées aux mots.

De deux à trois ans, l'enfant continue à apprendre en moyenne un mot nouveau par jour, puis l'accroissement est plus lent, mais le vocabulaire à six ans comprend 2 500 à 3 000 mots. La correspondance entre les mots et ce qu'ils désignent s'affine : les phénomènes de sur-extension (attribuer le mot « papa » à tous les hommes) ou de sous-extension (limiter l'usage du mot « ballon » à un ballon particulier et familier) tendent à se réduire, grâce à la prise en compte d'éléments de sens supplémentaires définissant mieux les catégories d'objets, de personnes ou d'événements. Dans un premier temps, l'enfant dispose de catégories globales et peu différenciées, chacune correspondant à un spécimen inséré dans un contexte particulier (« chien » correspond à un certain spécimen familier de chien), peu utilisable lorsque le référent est physiquement absent ou placé dans un contexte inhabituel. Dans un deuxième temps, l'analyse des propriétés des référents contribue à une différenciation des représentations (« la rose a des feuilles », « elle pique », « elle sent bon » ; « la tulipe a des feuilles »), mais ces propriétés ne peuvent pas encore être détachées de chaque référent : la feuille de la rose et celle de la tulipe restent des propriétés distinctes, liées chacune à un spécimen de fleur. Une troisième étape correspond à la fois à une unification et une généralisation des représentations : unification des propriétés identiques caractérisant des référents distincts (la feuille de la rose et celle de la tulipe) ; généralisation par regroupement de spécimens dans une représentation-classe, ou un concept (la rose et la tulipe / la fleur). Ce concept conserve son identité indépendamment des contextes dans lesquels il s'insère et il est disponible en permanence.

Plusieurs études montrent que la découverte du sens est guidée par des biais ou des attentes implicites qui conduisent les enfants à favoriser certains sens par rapport à d'autres (par exemple : le premier mot nouveau appliqué à un objet non familier désigne l'objet tout entier plutôt qu'une partie ou un caractère saillant de cet objet, etc.). En outre, les enfants utilisent différents indices de contexte pour interpréter le sens de mots nouveaux : une fois qu'ils connaissent un mot désignant un objet, ils vont interpréter les termes suivants comme désignant une classe sur-ordonnée ou subordonnée, ou des attributs particuliers de l'objet, ou encore une partie saillante de l'objet, etc. Ils utilisent également des stratégies de comparaison basées sur les similitudes et les contrastes fonctionnels et perceptifs des objets. Certains auteurs considèrent que le développement du lexique passe principalement par un entraînement à des activités de comparaison, de perception des contrastes et des similitudes entre les objets et les concepts.

■ **Définitions-types de mots familiers par des enfants d'école primaire**

Bouche
CE1 quelque chose pour manger, parler, boire.
CE2 pour manger, parler, avaler.
CM1 pour manger, parler, boire ; la langue ; partie de la figure, de la tête ; bouche d'égout.
CM2 pour manger, parler, respirer ; partie du visage, du corps de l'homme ; la langue, les dents, les lèvres ; où on met les aliments, la nourriture ; bouche d'égout ; endroit, trou où il y a de l'eau.

Oser
CE1, CE2, CM1 pas de définition.
CM2 oser toucher ; ne pas hésiter.

Sonore
CE1 pas de définition.
CE2 bruit fort.
CM1 bruit qui résonne.
CM2 bruyant ; qui fait un son.

Adapté de S. Ehrlich, G. Bramaud du Boucheron, A. Florin, *Le développement des connaissances lexicales à l'école primaire*, Paris, PUF, 1978.

De nombreux mots, qui nous paraissent familiers, ont encore pour les enfants de fin de maternelle et même au-delà (Ehrlich, Bramaud du Boucheron, Florin, 1978) une signification très approximative (par exemple

« la bouche », « oser », « sonore ») ou n'acquièrent la signification que leur donne l'adulte que relativement tard : c'est le cas des termes de parenté comme « frères », identifié d'abord comme mâles et enfants des mêmes parents, sans que la notion de réciprocité (on est le frère ou la sœur de son frère) soit intégrée dans la signification. A cet égard, différentes activités « autour des mots » peuvent mettre en évidence des niveaux de connaissance variés, selon les enfants bien sûr, mais aussi selon la difficulté de la tâche : comprendre un mot dans un contexte d'usage plus ou moins familier, pouvoir l'utiliser soi-même, et plus tard pouvoir l'analyser, le comparer à d'autres.

Le développement syntaxique

Parallèlement à ce développement lexical, les énoncés deviennent plus longs et plus complexes, en même temps que l'ordre des mots se stabilise. Le développement de la phrase concerne à la fois l'ordre du groupe nominal et du groupe verbal et les formes grammaticales correspondantes. Ce n'est pas avant 3 ans 6 mois que l'enfant, devant une suite nom – verbe – nom, va appliquer une stratégie d'interprétation systématique selon laquelle le premier nom représente l'agent et le second le patient. Vont se développer l'usage de mots grammaticaux (articles, prépositions, adverbes, conjonctions), les inflexions (genre et nombre des mots, conjugaison des verbes) et le marquage syntaxique des types de discours (négatif, interrogatif).

A 2 ans l'enfant commence à utiliser des prépositions exprimant la possession et le bénéfice (à, de, pour) et le pronom personnel « moi » ; l'emploi du « je » et des pronoms personnels de la deuxième personne vient ensuite, les pronoms personnels de la troisième personne étant plus tardifs. Le développement de l'emploi de l'article se fait dans l'ordre suivant : articles indéfinis vers 30 mois, puis articles définis, avec certaines confusions d'utilisation jusqu'à 6 ans ; marquage du genre de l'article, puis du nombre vers 3 ans et demi ; l'emploi des articles est correct vers 6 ans. Le développement des pronoms possessifs ressemble à celui des pronoms personnels, mais à des âges plus avancés ; des constructions comme « mon mien » sont fréquentes avant 4 ans. L'usage d'adverbes de lieu, vers 3 ans, précède celui des prépositions (« dedans », « dessus » sont produits avant « dans » et « sur ») ; il en est de même pour l'expression du temps, entre 4 et 6 ans.

La production de flexions verbales pour le marquage du temps existe avant 4 ou 5 ans : infinitif et impératif apparaissent en premier, puis l'indicatif présent et le passé composé. L'usage du futur est plus tardif, exprimé d'abord par la combinaison du verbe « venir » au présent, suivi d'un infinitif et accompagné éventuellement d'un adverbe de temps (« je vais aller chez mamie bientôt »), puis par le futur grammatical. Mais l'usage privilégié d'adverbes plutôt que des flexions verbales tend à se prolonger au-delà de l'école maternelle.

Les fonctions langagières et le marquage syntaxique des types de discours

L'enfant apprend à utiliser progressivement les différentes fonctions du langage et les types d'énoncés correspondants. Certaines sont présentes dès les premières années, dans les activités préverbales de communication (vocalisations, gestes et mimiques pour signifier quelque chose à autrui), puis dans l'expression verbale : c'est le cas par exemple de la fonction **instrumentale** (présente vers 12 mois) qui lui permet de satisfaire ses besoins et d'obtenir ce qu'il veut de son interlocuteur (« je veux ça »), ou de la fonction **personnelle** pour exprimer les sentiments personnels, les intérêts, les dégoûts (« j'aime Fanny »). C'est le cas également de la fonction **régulatrice**, pour contrôler le comportement d'autrui (« fais ça ») et de la fonction **interpersonnelle** utilisée pour entrer en relation avec autrui (« bonjour », « coucou », « je suis là »). D'autres fonctions apparaissent plus tardivement : la fonction **heuristique**, pour en savoir plus sur le monde (« dis, pourquoi ? ») ; la fonction **imaginative**, qui permet à l'enfant de créer son propre environnement (inventer une histoire ou une chanson) ; la fonction **informative** (qui apparaît vers 2 ans), correspondant à l'échange d'informations entre interlocuteurs. Toutes ces fonctions ne sont pas utilisées également, sous forme verbale, par tous les enfants, notamment les plus tardives, et nécessitent des stimulations de la part de l'entourage, familial et scolaire, dans des activités de communication variées.

Une même fonction peut s'exprimer par différents types de phrases : la fonction instrumentale passe par la forme déclarative (« je veux ça »), puis par des formes de requêtes de plus en plus indirectes (« tu peux me donner ça ? » ; « ça a l'air bon ! »). Jusqu'à l'âge de 2 ans environ, l'enfant recourt à l'intonation pour marquer la différence entre les différents types de phrases. Avec l'apparition des énoncés de deux mots ou plus, il va opérer une distinction d'une part entre les énoncés impératifs et les affirmatifs, par l'absence ou la présence dans l'énoncé du syntagme nominal sujet, et d'autre part entre les énoncés négatifs et affirmatifs, par apposition d'un adverbe négatif en début ou en fin d'énoncé (apu gâteau). Les interrogatifs sont marqués soit par l'intonation, soit par un pronom interrogatif (qui, quoi, à qui). Vers 4 ans l'enfant commence à produire des énoncés négatifs avec insertion de l'adverbe négatif à l'intérieur de la phrase (« je veux pas d'épinards » ; « je ne veux pas d'épinards ») ; il produit également des questions introduites par « est-ce-que ? », éventuellement avec inversion de l'ordre sujet-verbe, mais le marquage par l'intonation seule demeure. Les phrases passives, peu fréquentes en français, ne sont guère utilisées par les enfants d'école maternelle, et posent des problèmes de compréhension jusqu'à l'âge de 10 ans, surtout si les indices sémantiques permettent diverses interprétations[1]. Enfin le discours du jeune enfant, lorsqu'il dépasse l'énoncé isolé, est fait surtout de juxtapositions, puis de coordinations avec différents mots (et, et puis, pi après) ; les subordonnées relatives sont produites correctement vers 4 ans, suivies des circonstancielles de cause, de conséquence, de but, et ultérieurement de temps. Ferreiro (1971) a montré que celles-ci posent encore de nombreux problèmes à l'enfant de 6 ans, voire jusqu'en fin d'école primaire, surtout si l'ordre propositionnel est différent de l'ordre temporel (« Sophie va à l'épicerie après avoir acheté du pain »).

Les capacités de communication et la prise en compte de l'interlocuteur

Dès 30 mois, les enfants sont capables de produire des messages dont le contenu est approprié au récepteur ; ils sont également sensibles au non-respect de leurs tours de parole, aux interruptions et aux absences de réponse, ainsi qu'aux manifestations d'incompréhension, verbales ou non verbales, de leur interlocuteur. Dès deux ans, ils peuvent exprimer des sentiments, des émotions, et partager ceux des autres par l'intermédiaire du langage.

A trois ans, ils peuvent répondre brièvement, mais de façon adaptée, aux questions de l'adulte en utilisant les informations verbales et non verbales qui lui sont fournies, à condition qu'elles aient un caractère expli-

---

[1] Dans la phrase « Pierre est poussé par Jacques », Pierre et Jacques peuvent être les agents de l'action. Dans une phrase comme « la salade est mangée par le garçon », seul le garçon (en principe !) peut réaliser l'action de manger.

cite. Ils peuvent soutenir une conversation avec l'adulte, en ajoutant des informations nouvelles à ce que dit leur interlocuteur, en introduisant des thèmes nouveaux. Ils sont capables de tenir compte des caractéristiques de leur interlocuteur et de s'y adapter : ralentir le débit de parole, exagérer l'intonation en s'adressant à un bébé, par exemple. Plusieurs recherches montrent également que les jeunes enfants modifient la nature et la complexité de leur discours selon qu'ils s'adressent à un enfant plus jeune ou à un adulte, à un aveugle, à un adulte qui a participé à l'activité dont on parle ou à quelqu'un qui n'y a pas participé, à un adulte familier ou non.

A 3-4 ans, des enfants ne racontent pas de la même manière une histoire à un adulte à partir d'une image, selon que celui-ci voit l'image ou non : dans le second cas, leur discours est plus long, plus complexe et plus informatif que dans le premier, ce qui traduit leur possibilité de s'affirmer comme source compétente d'informations ; ce n'est pas le cas lorsque celles-ci sont contrôlées par l'adulte. Ceci met en évidence le rôle de la signification de l'activité de communication pour l'enfant.

Le développement métalinguistique

L'enfant apprend également à avoir une attitude réflexive sur le langage et son usage, à prendre le langage comme objet (exemple, de la part d'un enfant de 5 ans, en classe de maternelle : « si on dit dessine-moi un mouton, il faut dire s'il te plaît ; si on dit dessinez-moi un mouton, il faut dire s'il vous plaît ») : il s'agit là des prémisses d'activités métalinguistiques (Gombert, 1990), qui prendront leur véritable essor avec les apprentissages scolaires vers 6 ou 7 ans, en particulier celui de la lecture (passage d'une connaissance intuitive et d'un contrôle fonctionnel des traitements linguistiques à une réflexion et un contrôle intentionnel, selon Gombert). Ce point de vue rejoint celui de Vygotsky (1934/1985), selon lequel l'apprentissage du langage se ferait de façon automatique et inconsciente ; c'est seulement dans un second temps qu'apparaît le contrôle conscient et actif, grâce à l'enseignement de la grammaire et de l'écriture... « Il apprend à faire consciemment ce qu'il faisait inconsciemment en parlant » (Vygotsky, *op. cit.*).

L'activité de récit

De nombreuses études mettent en évidence une organisation interne du récit, sous une forme canonique permettant une opposition entre un état initial et un état final, du type : exposition, complication, résolution, évaluation, morale.

Les premières activités de récit se mettent en place dans des situations de jeux libres ou de lecture de livres d'images, sous forme de co-narration entre un adulte et un enfant. Il faut attendre l'âge de 6 ans pour que l'enfant manifeste une représentation de l'organisation des séquences d'actions comparable à celle de l'adulte, mais dès 4 ans apparaît un premier schéma narratif qui semble guider les rappels de récits (Fayol, 1985). Ce schéma narratif s'élabore progressivement, sous diverses influences culturelles, notamment scolaires. En compréhension, le récit implique un traitement articulant des processus ascendant et descendant, à partir desquels le sujet élabore des inférences pour relier les événements ou assurer la continuité thématique. En production, on observe de nombreux décalages entre le récit lui-même et l'installation d'un schéma narratif chez l'enfant ; l'activité de récit implique un contrôle d'une interaction entre l'auteur du récit, qui a des buts particuliers, et le destinataire avec ses réactions à la fois à l'histoire, à la forme de la narration et à son auteur. La construction du schéma narratif se poursuit jusqu'à la pré-adolescence, en s'insérant progressivement dans les récits produits, et en se manifestant par l'utilisation plus fréquente de certaines marques linguistiques, en particulier de certains connecteurs (mais, alors, tout à coup, etc.).

Chez les jeunes enfants, la compréhension des récits est facilitée par la prise en compte d'expériences vécues ; en production, le discours a souvent une forme de mosaïque, ou de micro-discours, manifestant une difficulté à gérer une production d'une certaine complexité. Les schémas narratifs conventionnels, comme ceux des contes, sont plus rapidement identifiés par les jeunes enfants, et peuvent les aider, avec le guidage de l'adulte, à construire leurs propres récits.

Comme l'a montré Bruner (1991), tous les environnements narratifs sont conçus pour répondre à des besoins culturels, pour insérer un enfant dans sa culture, l'aider à donner un sens aux événements quotidiens, le guider dans ses interactions avec ses partenaires :

■ Exemple n°1

Dans une classe de maternelle, on raconte une histoire à des enfants de 4-5 ans ; il s'agit soit d'une histoire classique de l'anniversaire d'une petite fille, avec des gâteaux et des bougies sur un gâteau, soit de celle d'un enfant qui reçoit la visite d'un cousin de son âge, avec lequel il va jouer. Certaines des histoires d'anniversaires ne respectent pas les normes du genre : la petite fille n'est pas heureuse, elle jette de l'eau sur les bougies au lieu de les souffler, etc. On introduit des variations de même type dans l'autre histoire, qui, elle, n'a pas de forme canonique nettement marquée. Résultats : les violations de normes dans le cas de la première histoire produisent dix fois plus d'inventions narratives chez les enfants que l'histoire canonique ; les variations dans la deuxième histoire entraînent seulement quatre fois plus d'élaborations narratives que l'histoire banale. Selon Bruner, « des enfants de 4 ans peuvent ne rien savoir d'une culture ; ils savent cependant ce qui est conforme aux normes, et ils cherchent avec passion un récit qui permette de rendre compte de ce qui ne l'est pas ».

■ Exemple n°2

Dans le ghetto noir de Baltimore, on a enregistré des conversations entre des mères et leurs enfants d'âge préscolaire, et également entre des mères et d'autres adultes, que les enfants pouvaient entendre. Dans ces conversations intimes, de nombreux récits apparaissent, restituant des événements quotidiens ; simples dans leur forme, ils peuvent être compris par les enfants. Beaucoup de ces récits parlent de violence et d'agressions, et peuvent être destinés à préparer les enfants à affronter une vie difficile et à les endurcir. Les récits montrent souvent le narrateur sous un angle avantageux, grâce à des effets de rhétorique dans les propos rapportés, et présentent une image de soi directe et « coriace » : « l'accent est mis sur les périls que court la personne dans un monde très dur, et sur la manière d'y faire face par le geste et la parole ». Dans les cas où on a pu enregistrer les enfants racontant spontanément les récits qu'ils avaient entendus, ils exagèrent encore les éléments dramatiques par rapport aux récits originaux.

Comme le souligne Bruner, il ne s'agit pas de prouver que les enfants noirs de ce quartier de Baltimore disposeraient d'un environnement narratif particulier, mais de montrer, à travers des exemples multiples, que tous les environnements narratifs sont conçus pour répondre à des besoins culturels, pour insérer un enfant dans sa culture.

D'après : J.S. Bruner, « Les formes narratives de la culture »,
*Car la culture donne forme à l'esprit. De la révolution cognitive
à la psychologie culturelle*, Paris, Eshel, 1991, p. 93 et suivantes.

Les enfants apprennent à jouer un rôle dans le « théâtre » familial quotidien ; ils apprennent d'abord dans l'action ce qui est autorisé et ce qui ne l'est pas, ce qui permet d'obtenir un résultat souhaité ; ils apprennent aussi très vite que l'action ne suffit pas et que « pour obtenir ce que l'on désire, il faut très souvent raconter l'histoire qui convient ». Et pour cela il faut savoir ce qui fait qu'une histoire est acceptable, selon les normes en vigueur dans sa communauté culturelle. Vers trois ou quatre ans, les enfants commencent déjà à utiliser leurs récits pour justifier, obtenir ce qu'ils veulent, séduire ou tromper autrui, et commencent donc ainsi à s'adapter à la vie de leur culture.

3 Conclusion : une longue histoire...

Dans ce cheminement de l'enfant pour apprendre à participer au langage, plusieurs points sont particulièrement importants pour leurs incidences pédagogiques :

- Il existe une histoire importante du langage avant l'entrée à l'école : tous les enfants ont développé dans leur milieu de vie des compétences variées dans la maîtrise du code et son utilisation ; elles ne sont pas identiques pour tous, certes, mais elles existent et doivent être reconnues. Reconnaître des domaines de compétences constitue aussi une aide pour travailler ce que l'on considère comme des manques ou des insuffisances.
- La recherche de contacts sociaux est très précoce et le jeune enfant manifeste très tôt un grand appétit de communication, avec différents partenaires ; cet appétit demande qu'on le nourrisse...
- Les jeux conversationnels de la petite enfance permettent de développer la communication et le langage ; ils aident aussi à comprendre comment on agit sur le monde en tant que personne, et à anticiper sur le comportement d'autrui.
- C'est l'adulte qui fournit des cadres adaptés – des formats – à l'émergence et au développement des compétences langagières, notamment des échanges ritualisés, dans un contexte de « dialogue d'action », en utilisant divers procédés de simplification du discours, en interprétant

les intentions de l'enfant, et en le considérant comme un interlocuteur actif.

■ Les différentes fonctions du langage sont progressivement utilisées, d'abord sous forme préverbale, puis sous forme verbale, et nécessitent des activités de communication variées pour émerger.

■ Les capacités métalinguistiques, souvent sollicitées à l'école, sont relativement tardives, et ne doivent pas être confondues avec une attitude réflexive précoce sur le langage.

■ L'activité de récit, utilisée et travaillée dans le cadre scolaire, stimule les élaborations narratives de l'enfant si elle lui permet de répondre à ses besoins culturels, de s'insérer dans sa culture.

■ Dans bien des aspects, les conduites langagières se développent sur le long terme, et il faut veiller à ce que les exigences scolaires en maternelle n'anticipent pas trop sur des acquisitions qui se situent plutôt à l'âge de l'école primaire, voire de la préadolescence...

CHAPITRE 3

Les différences interindividuelles et le rôle des partenaires dans les apprentissages langagiers

En arrivant à l'école, tous les enfants n'ont pas les capacités ou n'ont pas bénéficié d'expériences de communication suffisantes pour pouvoir utiliser un langage articulé compréhensible par les adultes et les autres enfants de l'école : certains ont plus de chemin que d'autres à parcourir, car ils en sont toujours au mot-phrase, ne disposent pas encore de catégories de signification stables, ou manifestent un mutisme plus ou moins généralisé et persistant.

Tous les enfants n'arrivent pas à l'école avec le même « équipement » : ils sont des personnes différentes, mais de plus, certains sont mieux préparés à cette rupture ou à ce passage d'un milieu de garde à celui de l'école, de par ce qu'ils ont reçu de leur entourage, de par la diversité de leurs compétences, de leurs expériences, de leurs savoirs. Quelques-uns produisent de petites phrases tout à fait compréhensibles et savent « faire avec les mots », alors que d'autres en sont encore aux mots isolés, à la signification très floue, souvent incompréhensibles et ne disposent guère que des cris pour tenter de se faire entendre ; certains ont développé des compétences sociales déjà variées dans des contacts multiples avec des partenaires différents alors que d'autres, ayant été plus isolés, sont plus démunis pour établir des interactions ou les maintenir.

L'école va constituer pour tous le lieu de nouvelles expériences, de nouvelles occasions de socialisation, de nouveaux apprentissages. Le passage sera d'autant mieux réussi et accepté que l'enfant y sera préparé, mais aussi qu'il sera reconnu dans l'école en tant que personne, avec ses désirs, son besoin de communication, ses savoirs et ses possibilités d'apprentissage, son immaturité et ses difficultés.

Dans ce chapitre, nous examinerons successivement les cadres explicatifs des différences interindividuelles dans les conduites langagières, notamment celles qui sont mises en jeu dans le cadre de l'école maternelle, puis le rôle des partenaires et les modalités d'apprentissage de ces conduites langagières.

1 Les différences interindividuelles

Dans ce domaine d'étude, les prises de position sont souvent autant idéologiques que scientifiques, comme tout ce qui relève du débat entre inné et acquis, ou entre biologique et social. En effet, tout déterminisme, qu'il soit biologique ou social, renvoie à des organisations du monde et de la société, à des conceptions de l'éducation qu'il sert à justifier, y compris dans ses caricatures les plus dramatiques (race ou groupe élu, négation de l'individu au profit du développement d'un groupe, etc.). Autant dire que le terrain peut paraître miné !

Il est possible de clarifier le débat en considérant que le cadre explicatif dépend des aspects privilégiés dans les apprentissages langagiers : capacités à traiter des informations et à acquérir des connaissances, aspect universel de certaines caractéristiques linguistiques, fonction de communication et de représentation dans les interactions avec l'environnement...

Le débat peut également être clarifié en considérant les facteurs du développement des conduites langagières davantage en termes de contraintes que de déterminations fortes, voire exclusives.

Mais, avant de nous interroger sur l'origine des différences interindividuelles dans les conduites langagières, examinons quelle est leur nature, à quel moment elles apparaissent, quelle est leur ampleur.

1. Quelles différences interindividuelles dans les conduites langagières ?

Les différences interindividuelles dans les conduites langagières ont été identifiées depuis longtemps, notamment dans la vitesse de développement, et exprimées généralement en termes de retard de certains enfants par rapport à d'autres. Des travaux plus récents ont exploré les différences en termes de processus d'acquisition.

Précocité des différences

Les productions vocales des premiers mois seraient surtout dépendantes de la maturation physiologique, de contraintes respiratoires et motrices : on observe peu de différences dans les sons émis par des bébés soumis à différents environnements linguistiques, ou par ceux dont les parents sont sourds-muets, ou par des bébés eux-mêmes sourds, encore que les études sur ces populations spécifiques soient encore limitées. Ces premières vocalisations seraient surtout le produit d'une activité réflexe spontanée ou la manifestation chez le bébé d'une conduite d'exploration de ses possibilités phonatoires.

Mais, à deux mois, le bébé vocalise davantage en présence de l'adulte qu'en son absence ; en outre, entre 3 et 6 mois, on a pu observer que les réponses contingentes de l'adulte ont pour effet d'accroître le babillage des nourrissons, notamment lorsqu'il s'agit de répétitions des vocalisations enfantines. Ces réponses adressées au bébé constituent un encouragement de la part de l'adulte à maintenir l'interaction sociale et à exercer sa production vocale ; pour certains auteurs, il s'agit là d'un facteur essentiel du développement langagier. A 10 mois, on peut mettre en évidence des différences importantes dans la fréquence des vocalisations enfantines et des regards dirigés vers la mère : les enfants manifestant le plus de conduites d'interaction sont ceux auxquels les mères adressent elles-mêmes le plus de vocalisations et de stimulations verbales.

D'autres études montrent des différences importantes entre enfants à partir de 18 mois, quant à la longueur moyenne des énoncés, à la dimension du vocabulaire, aux types de mots utilisés (plutôt des pronoms ou plutôt des noms), au nombre de questions posées. De plus, ces différences ne se compensent guère avec le temps : les enfants les plus précoces à un stade donné des acquisitions langagières tendent à le rester pour les stades suivants, voire à accentuer leur avance : les plus précoces se développent plus vite, et les écarts entre enfants se creusent. Non seulement les différences sont stables, mais elles sont aussi cohérentes : des différences manifestées dans un aspect du langage (par exemple la dimension du répertoire) sont souvent associées à des différences dans d'autres aspects (par exemple la longueur moyenne des énoncés).

Les différences chez les enfants d'âge scolaire

La plupart des études comparatives concernent des enfants d'école primaire et au-delà, généralement distingués selon leur groupe social d'appartenance.

Plusieurs études consacrées au *lexique* montrent des différences dans la dimension du vocabulaire compris, dans le nombre de mots définis et le type de définitions fournies ; toutes les différences sont à l'avantage des enfants de milieux sociaux favorisés. Ces différences, mesurées chez 2 800 enfants de 7 à 11 ans (Ehrlich, Bramaud du Boucheron, Florin, 1978), correspondent, en termes de retard des enfants de milieu ouvrier par rapport à des enfants de cadres supérieurs, à un écart de six mois à un an, selon les épreuves utilisées (jugement de connaissance ou définition). En outre, les enfants de milieu favorisé fournissent plus fréquemment des définitions de type catégoriel (par sur-ordination, subordination ou similaire) et moins fréquemment des définitions de type empirique (relations partie-tout, agent-action, localisation, etc.) ; or les premières sont souvent interprétées en termes de plus grande abstraction ou conceptualisation, et particulièrement valorisées dans le cadre pédagogique, même si elles ne correspondent pas aux pratiques les plus fréquentes, y compris chez les adultes. Il faut ajouter que les différences observées entre milieux sociaux contrastés tendent à se maintenir, voire à s'accroître au fil des âges étudiés, tout en ne représentant guère plus de 10 à 15 % du répertoire étudié : autrement dit, ce qui est commun aux enfants est beaucoup plus important, quantitativement, que ce qui les distingue.

Les **aspects syntaxiques** sont également différenciateurs, mais plus tardivement, bien sûr, que les aspects lexicaux, du moins pour les aspects syntaxiques complexes tels que l'utilisation de la subordination ou de la phrase passive. Chez les enfants d'école maternelle, on a pu mettre en évidence des différences dans la longueur des phrases produites, la maîtrise de marques du pluriel, l'imitation de certaines structures syntaxiques, ou le choix d'une image correspondant à une phrase entendue (la tâche suppose la maîtrise de certaines formes syntaxiques).

Les recherches se sont également portées sur les **aspects fonctionnels** de la communication, en utilisant notamment des tâches de type référentiel (exemple du jeu de « qui est-ce ? ») : un enfant a devant lui un ensemble de référents variant selon plusieurs dimensions, par exemple des dessins de visages variant selon le sexe, la couleur et la longueur des cheveux, le port d'accessoires, etc. ; il doit décrire le référent choisi en donnant l'information nécessaire et suffisante pour qu'un autre enfant le découvre parmi un ensemble identique, à sa disposition. Certains enfants, plutôt de milieu favorisé, ont des descriptions moins globales, plus analytiques et plus efficaces que d'autres ou décodent mieux l'information fournie, quel que soit leur partenaire.

En résumé, on peut mettre en évidence des différences dans de nombreux aspects des conduites langagières, généralement à l'avantage des enfants de milieu social favorisé. Mais plusieurs faits doivent être notés, qui modulent ou relativisent le caractère général de ces différences :
– les aspects communs sont beaucoup plus importants que les aspects différenciateurs ;
– l'amplitude des différences varie beaucoup selon la situation de recueil utilisée ; elles sont maximales pour les situations de test dans lesquelles le langage est décontextualisé (maniement de mots ou de phrases

isolées), sans fonction particulière autre que la vérification des connaissances langagières.

Ces réserves ne doivent pas contribuer à nier les différences ; elles doivent surtout éviter de les confondre avec ce qui pourrait être qualifié de handicap langagier, terme à réserver à des cas sévères de difficultés massives et générales.

Historiquement, on a vu se développer, sous des formes diverses, trois cadres explicatifs des différences dans les conduites langagières, en relation avec les théories générales de l'acquisition : les explications en termes de différences d'aptitudes, la théorie du handicap socioculturel, la prise en compte des stratégies et des styles d'acquisition. Nous allons les examiner successivement.

2. Les différences d'aptitudes

C'est le cadre explicatif le plus ancien, à partir duquel s'est construite la psychologie différentielle, et qui se traduit en langage courant par les termes de « théorie des dons ».

Les aptitudes se définissent comme des caractéristiques cognitives responsables de l'acquisition et du traitement de l'information. Elles ont, selon Reuchlin (*Grand dictionnaire de la Psychologie*, Larousse, 1991), « un caractère constitutionnel, déterminé, au moins en partie, par des facteurs génétiques ». Elles sont considérées comme la source de différences observables dans des situations de tests.

L'une des méthodes privilégiées pour l'étude des aptitudes est celle des jumeaux. Il s'agit de comparer les performances ou le franchissement de certaines étapes du développement langagier chez des jumeaux monozygotes (issus du même œuf) et chez des jumeaux dizygotes (issus de deux œufs différents). Les premiers ont une structure héréditaire identique alors que les seconds n'ont pas plus en commun de ce point de vue que deux enfants non jumeaux de mêmes parents. On peut constater que les performances des deux jumeaux sont plus proches à l'intérieur des paires de monozygotes que des paires de dizygotes. Mais comme il n'est guère possible d'isoler des causes génétiques de ces différences, les travaux sont basés principalement sur des corrélations, et passent ainsi du domaine de l'héréditaire à celui de l'héritable, en confondant quelquefois les deux. Une corrélation qui met en évidence une liaison entre deux variables ne nous indique pas la cause ou l'origine de cette liaison ; de plus il s'agit d'une caractéristique d'une population donnée, qui ne s'applique pas à des individus. Aussi toute tentative d'évaluation en termes de proportion du poids de l'hérédité par rapport aux effets du milieu dans l'explication du développement langagier ne peut être que théoriquement et méthodologiquement erronée.

Il est en revanche plus pertinent de se demander ce qui, dans les compétences langagières, relève de prédispositions innées caractéristiques de l'espèce et ce qui doit être acquis. Parmi les premières, il faut évidemment citer l'appareillage anatomique et physiologique mis en jeu spécifiquement dans le langage ou commun au langage et à d'autres fonctions humaines. On pense que le cerveau traite le langage grâce à l'interaction de trois ensembles de structures neuronales. Le premier se compose de nombreux ensembles neuronaux des deux hémisphères et permet la représentation de ce que l'être humain fait, perçoit ou pense. Le second, plus limité, est constitué de structures généralement localisées dans l'hémisphère gauche et correspond à la représentation de phonèmes, de leurs combinaisons en mots, et des combinaisons de ces mots en phrases. Le troisième ensemble, également présent dans l'hémisphère gauche, coordonne les deux premiers et permet de produire des concepts à partir de mots et inversement. L'étude des liaisons cérébrales et les examens cérébraux par résonance magnétique nucléaire ont permis d'avancer dans la cartographie de ces structures et l'analyse de leur fonctionnement (Py, 1993, p. 24 et 53).

3. Les aspects sociolinguistiques

Les enfants de milieu ouvrier réussissent moins bien et ont moins de chances de faire des études supérieures que les enfants de milieux plus favorisés : ceci est largement vérifié du point de vue statistique, même si les écarts sont moins importants qu'il y a 20 ans. Le langage utilisé par les enfants varie également selon la classe sociale, maintes recherches ont mis ce fait en évidence. Mais la théorie du handicap socioculturel suppose un lien de cause à effet entre ces deux corps de données : les difficultés scolaires des enfants de milieux défavorisés seraient causées par leur langage, socialement déterminé, qui les « handicaperaient » dans les activités cognitives proposées par l'école. Cependant personne à ce jour n'a réussi à démontrer quelles sont les caractéristiques précises du langage de l'enfant qui contribuent à sa réussite scolaire, ni quelles orientations cognitives différencieraient les milieux sociaux. Pourtant cette théorie a la faveur des enseignants, une large place lui est souvent faite dans leur formation. Opposées à bien des égards, la théorie des dons et celle du handicap socio-culturel ont en commun de considérer l'école comme un terrain neutre et de minimiser ses possibilités : que peut-elle faire si l'inégalité des capacités et des chances de réussite scolaire sont entièrement déterminées ailleurs, soit par le patrimoine génétique, soit par le milieu social ?

La théorie de Bernstein

Le cadre explicatif le plus connu en ce domaine est probablement celui de Basil Bernstein, sociologue anglais, dont les travaux ont été publiés dans les années 70 (voir par exemple Bernstein, 1975, ou la présentation d'Espéret, 1975-76). La théorie ne se réduit pas, comme on l'a souvent présentée de façon caricaturale, à une différence de codes linguistiques selon les milieux sociaux (classe ouvrière = code restreint ; classe bourgeoise = code élaboré) ; elle peut être résumée en cinq axiomes principaux :

- L'intelligence potentielle des enfants de la classe ouvrière et de la classe bourgeoise (« working-class » et « middle-class » dans la société anglaise) est équivalente.
- Les classes sociales se différencient selon qu'elles ont accès ou non au pouvoir de décision dans la société.
- Il existe une relation entre ces caractéristiques et les modes de communication (notamment langagiers) entre les membres des groupes sociaux.
- L'usage privilégié de certains modes de communications influence l'orientation cognitive des enfants envers le monde environnant et le développement cognitif.
- L'orientation cognitive et les modes de communication de la classe bourgeoise correspondent à ceux qui sont exigés et imposés par l'école, ce qui n'est pas le cas pour les enfants de la classe ouvrière.

Les échecs scolaires des enfants de milieu ouvrier ne doivent pas être attribués à un déficit intellectuel, même acquis. Il sont la conséquence à la fois des difficultés de ces enfants à s'intégrer à un milieu scolaire dont les orientations cognitives leur sont étrangères, et de l'usage d'un mode particulier de communication linguistique. Ces difficultés, en se cumulant au cours de la scolarité, deviennent insurmontables.

L'école transmet des savoirs, mais aussi un système de valeur qui affectent les contenus de l'enseignement et le choix du matériel scolaire ; les relations maître-élèves expriment continuellement une différence de statut et exigent un langage capable de traduire des relations sociales différenciées. L'expression non verbale est découragée, au profit de l'expression verbale et d'un certain formalisme linguistique, voire d'une certaine préciosité. Le mode d'expression de l'intelligence développé par l'école est logique, relationnel, abstrait et analytique.

Selon Bernstein, les enfants de milieu ouvrier maîtrisent progressivement un sous-système linguistique ou « code »[1] considéré comme « restreint », alors que les enfants de milieu « bourgeois » ont à leur disposition deux codes : le code « restreint » et le code « élaboré ». Les codes se caractérisent selon des aspects psycholinguistiques, sociolinguistiques et cognitifs.

Du point de vue psycholinguistique, le **code restreint** est caractérisé par une syntaxe pauvre, un usage rigide et stéréotypé des principaux adjectifs, conjonctions et adverbes les plus communs, un grand nombre d'expressions toutes faites (ex : c'est naturel ; comme on dit...), des séquences « sociocentriques » visant plus à assumer la relation verbale à autrui qu'à contribuer à l'échange d'informations ; c'est un langage fait de significations implicites, qui nécessite le recours au contexte extralinguistique pour être compris, il est en ce sens « particulariste », car il ne peut être compris que dans un contexte particulier. Le **code élaboré** présente les caractéristiques opposées : syntaxe précise, grande variété d'adjectifs et d'adverbes, séquences « égocentriques » montrant un engagement du locuteur dans les points de vue qu'il émet (ex : à mon avis, je pense que...), significations explicites ne nécessitant pas le recours au contexte extraverbal pour être compris,

---

[1] La notion de sous-système linguistique ou de code renvoie à la notion de transmission des significations d'une sub-culture ; elle suppose qu'une série de caractéristiques du langage reste constante d'une situation à l'autre. Elle doit être distinguée de la notion de « variante de langage » ou de « registre » ou de « niveau de langue », utilisée dans une situation particulière : par exemple des échanges verbaux avec un copain ou une relation professionnelle vont donner lieu à des formes linguistiques différentes.

caractère de généralité des significations transmises qui en fait un code « universaliste ».

L'exemple souvent cité pour illustrer ces différences de codes est celui d'une expérience dans laquelle on donne à des enfants de 6 ans une série d'images montrant une suite d'événements : des garçons jouent au ballon ; le ballon s'envole et brise une vitre ; un homme apparaît qui réprimande les enfants ; une femme observe la scène, accoudée à sa fenêtre ; les enfants s'en vont. Les enfants doivent décrire les images. Voici deux récits considérés comme représentatifs des deux codes (et construits pour la démonstration) :

- Récit n° 1

    Ils étaient en train de jouer au ballon et il shoote et il s'en va et il casse la fenêtre et ils sont tous en train de regarder et il vient et il crie sur eux parce qu'ils l'ont cassée. Alors ils s'en vont et elle les regarde et elle dit de partir.

- Récit n° 2

    Trois garçons sont en train de jouer au ballon. Un des garçons frappe violemment la balle et elle traverse la fenêtre. Le ballon brise la vitre et les garçons sont en train de regarder. Un homme sort et il crie sur eux parce qu'ils ont cassé la vitre. Alors ils s'en vont en courant. Une dame regarde à sa fenêtre et elle dit aux enfants de s'en aller.

Le récit n° 1 comporte beaucoup de significations implicites, associées étroitement au contexte immédiat ; la syntaxe est pauvre ; il comporte 2 noms pour 16 pronoms sujets. Le récit n° 2 comporte 8 noms pour 5 pronoms sujets ; ces derniers renvoient à des entités nominales présentées dans le discours ; le récit n'est pas ambigu, il est compréhensible en dehors de la situation de référence. Point n'est besoin d'indiquer le code auquel correspond chaque récit.

Du point de vue sociolinguistique, le code restreint exprime la solidarité du groupe, des normes de groupe, alors que le code élaboré apparaît comme un moyen privilégié d'expression individuelle et personnelle.

Du point de vue cognitif, certaines idées, certains types de relation au réel sont plus ou moins facilités par l'usage de tel ou tel code : le code restreint ne favorise pas un haut niveau d'explication logique, il met plutôt l'accent sur l'expression d'implications affectives ; le code élaboré met en évidence l'organisation rationnelle de la pensée, l'expression précise et explicite des produits de l'activité mentale.

Les types de langage utilisés reflètent les contextes éducatifs dans lesquels ils s'insèrent, caractérisés eux-mêmes par des systèmes de rôle, des modes de contrôle et de prise de décision variables selon la classe sociale. La classe ouvrière est caractérisée par un système de rôles « clos », bien définis et peu modifiables, elle comporterait surtout des familles « positionnelles » dans lesquelles la prise de décision dépend du statut formel des membres (par ex : c'est le père qui décide). La classe bourgeoise serait caractérisée par un système de rôles « ouverts » qui encourage l'initiative personnelle et l'expression de soi ; elle comporterait plutôt des familles « personnelles » dans lesquelles les prises de décision seraient plus collectives et les rôles formels moins prépondérants. En outre, Bernstein distingue 3 modes de contrôle éducatifs : le contrôle « impératif » avec une fréquence élevée d'ordres bruts entraînant chez l'interlocuteur soumission, retrait ou rébellion ouverte (ex. : « tais-toi ») ; les « appels personnels » correspondant à l'organisation en famille « positionnelle », c'est-à-dire la restriction de l'autonomie au profit de l'identification sociale, l'imposition de règles sociales à l'enfant (ex : on ne crie pas à table) ; les « appels personnels » qui fondent le contrôle des comportements sur l'examen des motifs personnels, impliquent l'acquisition de règles sociales avec la collaboration de l'enfant plutôt que de les imposer telles qu'elles (ex : inutile de crier, on t'écoute), et favorisent une plus grande autonomie et une prise de responsabilité individuelle. Le mode de contrôle « impératif » serait caractéristique de la classe ouvrière, les « appels personnels » de la classe bourgeoise, alors que les « appels positionnels » se retrouveraient dans les deux classes sociales.

La théorie de Bernstein telle que nous venons de la présenter succinctement a quelque peu évolué au fil des publications, la notion de code, en particulier, devenant plus floue, voire quasi inexistante en tant que telle et donc invérifiable, au profit de la notion de style, variant selon les situations. Quoiqu'il en soit, il faut souligner que l'absence quasi complète d'exemples linguistiques dans les travaux de l'auteur limite les possibilités de validation de son argumentation théorique : les exemples sont soit inventés, soit hypothétiques (par ex : on demande à des mères ce qu'elles diraient si leur enfant n'était pas sage), soit tirés de situations expérimentales ; on ne trouve pas de corpus de langage réel entre parents et enfants ou entre enseignants et élèves. En outre Bernstein ne nous renseigne pas sur la raison pour laquelle les enfants de la classe ouvrière n'utilisent pas souvent des formes linguistiques que manifestement ils connaissent et qui sont valorisés par l'école, ni sur les différences de valeur que les groupes sociaux accordent aux formes linguistiques.

Malgré son manque de validation expérimentale ou par observation et recueil de corpus, cette théorie a abondamment été utilisée en éducation pour démontrer que l'échec scolaire est un échec linguistique. Plusieurs critiques formulées à l'égard de la théorie de Bernstein sont inspirées par les travaux du linguiste américain William Labov (1976 ; voir aussi l'analyse de Stubbs, 1983) et ses descriptions des variétés d'anglais non standard parlées par différents groupes ethniques aux États-Unis, notamment les Noirs et les Portoricains de New York.

Les travaux de Labov

Il faut tout d'abord souligner la différence d'approche ente Bernstein et Labov : le premier a construit une théorie sociologique des relations entre classes sociales, codes linguistiques et modes de contrôle familiaux, dont quelques éléments ont été, après coup, mis à l'épreuve des faits ; le second est parti d'enquêtes de longue durée sur le terrain et d'observation des communautés linguistiques enquêtées dans leur cadre habituel. Labov a notamment étudié le langage des adolescents noirs dans les ghettos de New York, en « s'immergeant » dans ces communautés, avec l'aide de collègues noirs ; il ne s'est pas attaché à identifier quelques traits particuliers du langage utilisé, mais plutôt à des analyses approfondies de dialectes non standard conçus comme des systèmes de langage possédant leur propre logique. Les analyses de Labov visent à montrer que le concept de déficit linguistique est un mythe, dépourvu de preuves linguistiques et anthropologiques, et qu'il repose sur des confusions entre logique et explicite d'une part, entre logique et grammaire d'autre part.

■ Langage et éducation : un pseudo-problème ?

La littérature fournie et complexe sur l'importance du langage dans l'éducation [...] ne doit pas nous rendre aveugles aux simples raisons *non* linguistiques pour lesquelles les enfants de milieux populaires (et d'immigrants) ont tendance à échouer à l'école plus souvent que les enfants des classes moyenne et supérieure. Par exemple, un enfant peut subir un échec parce qu'il ne partage pas les points de vue de l'école sur ce qui est important et ce qui l'est moins : son échelle des valeurs est différente. Inversement, un enfant peut paraître inadapté parce que l'école n'est pas sensible à ses formes langagières et à des façons de penser culturellement différentes, et tend à les traiter comme des handicaps. Seconde explication de l'échec scolaire : il faut commencer l'apprentissage au point où en est l'enfant ; avec des enfants différents, on doit commencer à des stades différents. Il ne faut en aucun cas supposer qu'il existe une *seule* et unique cause de l'échec scolaire, une seule prévision magique du progrès scolaire. De plus en plus, on reconnaît l'existence d'influences non traditionnelles, y compris non linguistiques, sur le développement cognitif, telles la confiance en soi de l'enfant, ses espérances pour l'avenir, et les attentes de l'enseignant à son égard [...]

Que le lecteur ne se laisse pas leurrer par le nombre élevé d'études qui dissertent de la relation causale entre le langage et la capacité d'apprendre. On a gaspillé beaucoup d'encre sur de faux problèmes. Au Moyen Age, les savants discutaient du nombre d'anges qui pouvaient danser sur la pointe d'une aiguille. Mais débattre d'un faux problème ne le rend pas pour autant significatif. De nombreux ouvrages posent comme un fait établi que le handicap linguistique est la cause significative des problèmes scolaires de certains enfants. Cette idée est très controversée, notamment par de nombreux linguistes. En fait, une contestation a surgi de la nécessité de débusquer certains mythes créés par la recherche en sciences sociales appliquée à l'éducation. Keddie (1973) s'attaque au mythe de la déficience culturelle ; Labov (1969) s'attaque à un aspect de ce mythe dans ce qu'il appelle « l'illusion du handicap verbal » ; et Jackson (1974) s'attaque au mythe des codes élaborés et restreints.

[...] Jusqu'à présent, il n'y a aucune relation *causale* prouvée entre le langage d'un enfant et ses possibilités d'apprentissage, et les preuves requises pour démontrer une telle relation n'apparaissent pas clairement. Les déclarations affirmant que certaines variétés de langage (dialectales) sont déficientes et, par conséquent, *causent* des déficiences cognitives manquent manifestement de cohérence. On ne peut avancer, en toute logique, que le langage est cause de l'échec ou de la réussite scolaire. Puisqu'aucune relation précise ne

> peut être établie, il reste une simple *corrélation* : deux groupes d'enfants utilisent différentes variétés de langage et aussi (d'après la tendance statistique) réussissent différemment à l'école. Mais une telle *corrélation* ne peut jamais, en soi, constituer une démonstration de *causalité*.
> Ce qui apparaît, néanmoins, c'est une relation *socio*linguistique complexe entre le langage d'un enfant et sa réussite à l'école. Il ne fait aucun doute que les groupes sociaux différents *utilisent* des formes de langage différentes dans des situations sociales comparables. Dans le cadre de l'école, des inconvénients peuvent résulter de l'ignorance et de l'intolérance aux *différences* culturelles et langagières. Mais un tel désavantage n'est pas une *déficience*. Ainsi, je rejetterai la formule simpliste et dangereuse : « l'échec scolaire, c'est l'échec linguistique », et la remplacerai par : « l'échec scolaire provient souvent de différences *socio*linguistiques entre les écoles et les élèves ».
>
> M. Stubbs, *Langage spontané, langage élaboré. Parole et différences à l'école élémentaire*, Paris, Armand Colin, Bourrelier, 1983, p. 60-62.

Les enseignants critiquent souvent le discours des élèves comme étant décousu et peu explicite parce qu'ils omettent certains mots (ex. : « he my brother » au lieu de « he's my brother », soit en français « il mon frère » pour « il est mon frère ». Labov fournit bien d'autres exemples du même type, en montrant que plusieurs langues, comme le hongrois ou l'arabe, n'ont pas non plus ce type de liaison verbale, sans qu'on les considère pour autant comme des langues non explicites. Ceci n'a rien à voir avec le sens logique ou la maîtrise des concepts, mais relève seulement de la grammaire de surface. Un autre exemple est constitué par l'emploi de négatifs doubles dans l'anglais non standard (ex. : « I don't do nothing » / « je ne fais pas rien » pour I don't do anything » / « je ne fais rien »), considéré comme illogique : si je ne fais pas rien, c'est que je fais quelque chose. Là encore, Labov montre que certaines langues utilisent les doubles négatifs, tel le français (je *ne* fais *rien*) ou l'espagnol, et qu'il ne faut pas confondre les usages de la grammaire d'une langue avec les critères généraux de la logique et de la pensée.

Un second point de la démonstration de Labov est relatif à la complexité des règles grammaticales maîtrisées par les utilisateurs de dialectes non standard. Des mots comme « any » (n'importe quel), « one » (un)

« ever » (jamais), sont employés correctement, malgré la difficulté des règles qui régissent leur utilisation en anglais et nécessitent plusieurs pages d'explication dans un ouvrage de grammaire. On ne peut donc pas considérer comme déficiente une forme de langage fonctionnant sur la base de nombreuses règles et de concepts abstraits. Selon Labov, tout enfant de 5 ans (sauf s'il est sérieusement arriéré) maîtrise un système langagier complexe et cohérent, qui résiste quelquefois à une complète description linguistique du fait de sa complexité, et qui a beaucoup plus en commun avec le langage standard qu'il n'a de différences. Il peut utiliser ce langage complexe dans des situations non hiérarchisées, avec des copains, et il peut se retrouver sur la défensive dans les situations de la classe ou devant des tests et ne parler que par monosyllabes. C'est au nom de la nécessaire prise en compte du contexte social et de sa familiarité pour l'enfant, de la valeur accordée à l'expression verbale par l'enfant et dans sa culture, que Labov récuse l'idée de mesurer la compétence linguistique générale uniquement dans des situations de tests. Stubbs (1983) souligne par exemple combien les réactions aux questions peuvent varier selon la culture et les groupes sociaux : les blancs cultivés considèrent que l'enseignement implique que des professeurs posent des questions et que les élèves y répondent ; des noirs des ghettos américains identifient l'interrogation directe aux questions indiscrètes de l'assistante sociale ; des Amérindiens considèrent les questions comme des intrusions impolies dans leur vie privée ; des enfants hawaïens peuvent parler librement à des adultes qui leur témoignent de l'intérêt, mais refuser de répondre à leurs questions directes.

Les travaux de Labov constituent une critique radicale de ceux de Bernstein, mais l'un des apports essentiels de Labov réside probablement dans l'analyse de la langue en tant que fait social, dont les variations sont soumises comme lui à des règles et à des structures ; ces variations font partie de la langue et rendent compte justement de son caractère social.

Les modes de socialisation de l'enfant

Il est désormais assez clairement établi d'une part qu'il n'existe pas de codes linguistiques spécifiques variant selon la classe sociale, d'autre part que la perception qu'a le locuteur de la situation de communication qui lui est proposée varie selon la classe sociale : dans le cas d'une situation familière, fonctionnellement utile dans son environnement quotidien, l'enfant (mais c'est vrai aussi de l'adulte) décode plus facilement et plus rapidement les éléments pertinents et maîtrise mieux les outils linguistiques nécessaires pour faire face aux contraintes de la situation. Dans le cas contraire, l'enfant essayera de transposer la représentation d'une situation qui lui semble similaire, au risque de se tromper, ou restera silencieux. Ce n'est pas tant de codes linguistiques plus ou moins efficaces qu'il s'agit, que de répertoires de conduites de communication plus ou moins étendus et adaptés aux situations rencontrées par le locuteur, liées aux expériences antérieures vécues dans son milieu d'appartenance.

Chacune de ces conduites peut être considérée comme une composante des compétences de communication, incluant des aspects à la fois linguistiques et sociaux, ou en d'autres termes, une connaissance conjuguée de normes de grammaire et de normes d'emploi (Hymes, 1972). La réussite de la communication entre interlocuteurs ne dépend pas seulement de l'utilisation des mêmes règles de grammaire, mais aussi des mêmes règles de conversation, de la prise en compte du contexte linguistique et extralinguistique, des attitudes et des rôles des participants. Les premiers partenaires de l'enfant, ceux qui vont l'aider à acquérir ces compétences de communication, ce sont les adultes, et généralement les parents. Les analyses des interactions mères-enfants, des comportements maternels rapportées par enquête ou questionnaire montrent des spécificités selon l'origine sociale. Les mères de milieu favorisé déclarent moins fréquemment que les autres employer des contrôles de type impératif et plus d'appels personnels (pour reprendre une terminologie de Bernstein) ; elles déclarent également plus souvent porter attention aux questions de l'enfant et tenter d'y répondre aussi complètement que possible. Mais ces résultats, tout en nous renseignant sur la représentation que se font les mères de l'éducation, peuvent être interprétés simplement comme le souhait de donner de soi une image valorisée, éventuellement décalée par rapport à la réalité.

En revanche, les nombreuses observations des interactions mères-enfants (cf. par exemple Rondal, 1983 ; Florin, 1991) dans diverses situations (soins quotidiens, jeux, lecture d'histoires, etc.) montrent que les mères de milieu favorisé (classes moyennes et supérieures ; niveau d'études fin du secondaire et au-delà, selon les recherches considérées) donnent plus d'informations à leur enfant, manifestent verbalement plus d'attention, lui adressent plus de stimulations verbales (y compris avec des bébés de quelques semaines ou de quelques mois) ; elles formulent moins d'interdictions, ou tout au moins les expliquent en fournissant une alternative à l'action prohibée. Elles répètent davantage les énoncés enfantins, en les expliquant ou en les prolongeant, pour être sûres qu'ils ont été bien compris et pour confirmer la validité du message. A l'opposé, les mères de milieu moins favorisé utilisent plus de discours de contrôle et d'enseignement, formulent plus de commandes négatives et d'auto-répétitions, ce qu'on pourrait résumer en disant qu'elles parlent *à* l'enfant plus qu'*avec* l'enfant. On peut remarquer également que les mères de milieu favorisé emploient davantage d'interactions verbales avec leur enfant, même très jeune et ne disposant pas lui-même du langage articulé, jugeant nécessaire à son développement cognitif de lui parler beaucoup. En outre, encourager verbalement l'enfant, le soutenir dans ses propres actions, renforce son rôle « d'explorateur actif » de l'environnement, l'aide à gagner de la confiance en lui et un sentiment de pouvoir qui peuvent affecter positivement son développement langagier et cognitif.

On peut penser que les attitudes et les représentations parentales liées au langage jouent le rôle de variables intermédiaires entre la classe sociale d'appartenance et les conduites langagières observées. Ces attitudes et représentations ne sont probablement pas indépendantes des conditions de vie, et notamment des conditions matérielles, rencontrées dans différents milieux sociaux. Une illustration de ce point de vue peut être trouvée dans les travaux de Lautrey (1980) : en s'appuyant sur la théorie piagétienne du développement de l'intelligence, il s'est attaché à mettre en évidence des caractéristiques fondamentales présentes à des degrés différents dans les différentes classes sociales et susceptibles de favoriser la construction cognitive ; il montre comment le degré de structuration des pratiques éducatives familiales (aléatoire ou faible, souple, rigide)[1] influe sur le développement intellectuel des enfants et en quoi il est dépendant de la situation matérielle de la famille (dimensions et type de logement, horaires de travail

---

[1] Les pratiques éducatives familiales sont explorées par questionnaire aux parents. Voici un exemple de question et les réponses correspondant aux 3 types de structuration (1 = aléatoire ou faible ; 2 = souple; 3 = rigide) :
Question 14. Les jeux à la maison
1. Il joue n'importe où dans l'appartement.
3. Il joue uniquement dans les endroits que vous avez fixés pour cela (par exemple, ce peut être sa chambre, ou le couloir, ou une pièce quelconque).
2. Il lui arrive assez souvent de jouer en dehors des endroits que vous avez fixés pour cela. Vous acceptez à certaines conditions (par exemple, s'il joue à des jeux calmes, ou s'il dessine).

des parents, diversité des activités de loisir). Il vérifie l'hypothèse selon laquelle l'environnement social, comme l'environnement physique, doit présenter des régularités pour que les processus d'assimilation soient possibles, mais qu'il doit aussi être source de déséquilibres afin de permettre les accommodations des structures cognitives existantes[1], donc de nouvelles constructions cognitives (structuration souple) : les enfants élevés dans des milieux souplement structurés (plus fréquents dans les classes sociales les plus favorisées) ont des performances intellectuelles meilleures que ceux élevés dans des milieux faiblement ou rigidement structurés.

Le système éducatif familial peut donc être considéré, selon Lautrey, comme une variable intermédiaire dans la relation entre la classe sociale et le développement cognitif et langagier de l'enfant.

4. Les styles individuels et la pluralité des voies de développement

Dans les années 70-80, se sont développés des travaux sur les premières acquisitions de la syntaxe et du vocabulaire selon lesquels il existerait des voies différentes d'acquisition.

Les styles d'acquisition de la syntaxe

En étudiant le passage chez les enfants des énoncés à un mot aux énoncés à deux mots, Bloom (cf. par exemple Bloom & Lahey, 1978) identifie deux styles : le langage « télégraphique » et l'utilisation préférentielle de « mots-pivots ». Dans le premier cas, les enfants combinent deux mots entre lesquels on peut trouver une relation syntaxique, comme dans « maman pousser » ou « pousser maman » ; certains mots sont plus fréquents, mais ils peuvent avoir des fonctions grammaticales différentes selon les énoncés. Dans le second cas, les enfants emploient, toujours avec la même

---

[1] Dans la théorie piagétienne, assimilation et accommodation constituent deux processus complémentaires de l'adaptation, du développement de l'individu dans son milieu. Ces processus sont mis en œuvre chaque fois qu'apparaît une situation comportant des éléments nouveaux, inconnus ou non familiers. Il y a assimilation quand le sujet peut intégrer les données nouvelles à des patterns de comportements constitués antérieurement ; il y a accommodation quand les données nouvelles transforment un pattern de comportement ou schème préexistant pour le rendre compatible avec les exigences de la situation (d'après le *Grand Dictionnaire de la Psychologie*, Larousse, 1991).

fonction et une position fixe dans l'énoncé (soit en premier, soit plus rarement en second), un petit nombre de mots appelés « mots-pivots », considérés comme les constituants fixes des premières structures syntaxiques (par exemple des mots comme « plus », « encore », « apu » : « apu gâteau », « apu poupée », « apu bobo ») ; ces « mots-pivots » se combinent avec de nombreux mots qui, eux, n'ont pas de position fixe, et qui constituent une « classe ouverte ».

De même, les auteurs mettent en évidence deux stratégies pour exprimer la localisation : la première consiste à utiliser deux catégories de substantifs, ceux qui désignent des objets qui peuvent être localisés et ceux qui désignent des lieux (« auto garage ») ; la seconde correspond à l'utilisation d'un petit nombre de formes fixes dont certaines codent l'objet à localiser, quel qu'il soit (« ça », « çui-là »), et d'autres le lieu, quel qu'il soit (« ici », « là »). La première stratégie est qualifiée de « nominale », la seconde de « pronominale ».

Les styles d'acquisition du vocabulaire

Les différences individuelles dans les styles d'acquisition du vocabulaire ont été mises en évidence principalement par Nelson (1981). Dans une expérience désormais classique, réalisée en 1973, Nelson a montré que, parmi 18 enfants suivis de l'âge de 1 an jusqu'à 2 ans et demi dans les échanges avec leur mère, certains, qualifiés de « référentiels », utilisent au début des observations, parmi leurs 50 premiers mots, une large proportion de noms d'objets, noms propres, verbes et adjectifs, alors que d'autres, qualifiés « d'expressifs », ont un vocabulaire formellement plus diversifié, avec un plus grand nombre de pronoms, de mots fonctionnels et de formules sociales de routine (exemples : « va-t-en », « arrête ça », « je le veux »). Il semble que les enfants « référentiels » apprennent d'abord à parler des choses, alors que les enfants « expressifs » apprennent d'abord à parler d'eux-mêmes, des autres et des relations interpersonnelles. A la fin de la période d'observation, après des apprentissages complémentaires (les enfants « référentiels » semblant apprendre surtout des mots isolés, alors que les acquisitions des « expressifs » sont souvent de petites phrases), les deux groupes finissent par se rejoindre, maîtrisant tous deux le langage référentiel et expressif.

Ces deux voies d'acquisition sont décrites comme partant, pour la première, d'une priorité au lexique, et pour la seconde, d'une priorité à la syntaxe. L'hypothèse de Nelson est que l'utilisation de l'une ou de l'autre de ces voies traduit l'existence de styles cognitifs précoces. Ces deux voies de développement convergent entre 2 ans et 3 ans, et correspondent à ce que Reuchlin (1987) désigne par « processus vicariants », c'est-à-dire qui peuvent se substituer fonctionnellement l'un à l'autre. Entre ces deux stratégies existe un continuum sur lequel se situent les enfants, plus ou moins près d'un pôle ou de l'autre.

Dans son article de 1981, Nelson compare des enfants « nominaux » (qui utilisent plus de noms que de pronoms) à des enfants pronominaux (chez lesquels le rapport entre noms et pronoms est inversé) et elle constate que les fonctions du langage sont également différentes dans les deux groupes ; certaines sont plus fréquentes chez les nominaux, telles que dénommer, décrire un objet et ses propriétés, se référer ; d'autres sont plus fréquentes chez les pronominaux : établir ou maintenir un contact avec autrui, décrire ses propres actions ou ses sensations. Ces résultats indiquent qu'un style d'acquisition est lié à des préférences quant aux fonctions du langage, davantage qu'à des catégories linguistiques.

Ces résultats ont été depuis confirmés et synthétisés par d'autres travaux, qui conduisent à considérer deux styles principaux : l'un peut être qualifié de nominal ou référentiel, l'autre de pronominal ou expressif et serait sous-tendu par des procédures de traitement plus globales. Il apparaît également que la vitesse de développement du langage varie selon le style d'acquisition « choisi » par les enfants, les enfants « référentiels » paraissant plus rapides quant au nombre de mots compris et à la longueur de leurs énoncés ; en outre ils ont plus tendance que les autres, entre 1 et 2 ans, à imiter immédiatement un énoncé entendu. Mais des études longitudinales à plus long terme seraient nécessaires pour examiner les effets ultérieurs, sur le langage, la cognition, voire la personnalité, du « choix » d'un style d'acquisition dans les premières années de la vie.

En outre l'origine des différences de styles d'acquisition a donné lieu à des hypothèses variées, depuis d'éventuelles différences individuelles dans la spécialisation fonctionnelle des hémisphères cérébraux, jusqu'à l'influence du milieu, en particulier de la mère : Nelson elle-même a montré, en comparant le taux de noms par rapport aux pronoms dans le langage des mères et de leurs enfants à 2 ans, qu'il existe une analogie entre le langage auquel l'enfant est exposé et celui qu'il apprend ; elle pense que, du point de vue fonctionnel, une grande partie du langage auquel le jeune enfant est exposé est directif, centré sur ses propres activités, et probablement pragmatique et expressif. A partir de cela, « l'enfant peut probablement conclure que le langage est un moyen d'expression pragmatique utile pour le contrôle social et les échanges sociaux, et cette conclusion sera probablement étayée par des échanges avec les pairs. D'un autre côté un enfant qui est exposé à des procédés d'enseignement maternel tels qu'un questionnement pertinent conclura probablement que le langage est fondamentalement un moyen d'expression cognitif ou référentiel » (Nelson, 1981, p. 181).

Le rôle des partenaires de l'enfant dans les apprentissages langagiers

2

L'enfant n'apprend pas à parler tout seul. Dès les premières heures de la vie, il est pris dans un bain de langage, dans lequel les adultes, notamment ceux qui s'occupent le plus fréquemment de lui, vont constituer des partenaires privilégiés au sein d'interactions duelles (mère-enfant, en particulier). Au fil des mois et des années, les partenaires de l'enfant vont se diversifier, adultes et autres enfants, en fonction de la composition familiale, des modes de garde de l'enfant, de son entrée à l'école et des réseaux d'amitié.

Dans ces interactions qui se créent et se développent, l'enfant va trouver des aides à son développement et à son adaptation à l'environnement, des modes différents de construction des connaissances, en même temps que des occasions de jeux, de rires, de conflits et quelquefois de mises en échec.

Nous examinerons successivement les modalités d'adaptation du langage de l'adulte au jeune enfant et leurs incidences sur le développement langagier, puis les différentes réalités sous-tendues par la notion d'interaction sociale, ainsi que les modalités qu'elles impliquent (tutelle, imitation, conflit socio-cognitif et co-construction).

1. L'adaptation du langage de l'adulte

Grâce aux recherches menées principalement depuis les années 70 sur les dialogues mère-enfant, nous savons que ce dialogue s'établit très tôt, dès les premières semaines de la vie (voir chap. 2) ; nous savons également que l'enfant est un partenaire actif de ce dialogue et que l'adulte adapte son langage au tout-petit. Ces adaptations concernent tous les aspects du langage (cf. Rondal, 1983, pour une revue de question), elles se retrouvent à des degrés divers dans les différentes classes sociales, dans différentes cultures, et certaines d'entre elles semblent avoir un effet facilitateur sur l'acquisition du langage par l'enfant.

Les différentes caractéristiques d'adaptation

Lorsqu'une mère s'adresse à son bébé, celui-ci est en mesure, dès l'âge de 4 à 6 semaines, de reconnaître son intonation et de distinguer la voix maternelle de celle d'une autre femme. La hauteur tonale du langage adressé à un tout-petit est plus élevée, notamment pour les mots à contenu sémantique (noms, verbes par exemple) ; ces accents doivent permettre à l'enfant de les isoler plus facilement dans la chaîne du discours, l'adulte exagérant ce qui permet d'attirer l'attention de l'enfant. Le rythme d'élocution maternel augmente avec l'âge de l'enfant, notamment à partir du moment où celui-ci est en mesure de produire des énoncés de plusieurs mots. Parallèlement, la durée des pauses dans le discours maternel tend à se réduire.

Les adaptations sémantiques sont nombreuses chez l'adulte : le nombre de mots différents (diversité lexicale) augmente avec l'âge de l'enfant ; avec des enfants de moins de 3 ans, les mères utilisent des mots très fréquents dans la langue ; avec des enfants plus âgés, elles produisent une proportion plus élevée de pronoms personnels, d'adjectifs, d'adverbes. Avec les petits, les partenaires de l'interaction (toi et moi) sont plutôt désignés par leur prénom, un nom ou un pronom de la troisième personne : « il est content, Alexandre (ou mon bébé) ? », « elle est là, maman ! » ; ces procédés aideraient l'enfant à apprendre qu'il a un nom et à apprendre les termes de parenté. La plupart des énoncés maternels se réfèrent à la situation immédiate et aux activités en cours de réalisation par les deux partenaires, ce qui permet de dire que le langage se construit dans un dialogue d'action. La structure sémantique de base des énoncés adressés aux enfants de moins

de 3 ans correspond essentiellement aux huit relations sémantiques les plus fréquentes dans les énoncés enfantins au stade de 2 mots :
- relation d'agent-action : « maman part »,
- action-objet : « regarde le livre »,
- action-localisation : « il va dans la baignoire »,
- agent-objet : « maman (a lavé) le nounours »,
- entité-possession : « le camion d'Alexandre »,
- entité-localisation : « la voiture dans le garage »,
- démonstratif-entité : « ce bateau »,
- entité-attribution : « gentil garçon ».

Avec l'enfant plus âgé, le caractère sémantiquement plus complexe du langage adulte porterait davantage sur la « densité sémantique » (Rondal, 1983), c'est-à-dire le nombre de relations sémantiques par énoncé, plutôt que sur la diversité des types de structures sémantiques.

La syntaxe du langage maternel a fait l'objet de nombreuses investigations qui conduisent à des constats similaires : la longueur moyenne des énoncés maternels augmente avec l'âge de l'enfant, la mère produisant des énoncés en moyenne un peu plus longs que ceux de celui-ci ; c'est lorsqu'il a une dizaine d'années que les énoncés qui lui sont adressés sont de longueur moyenne équivalente à ceux que sa mère adresse à un autre adulte. D'autre indices de la complexité syntaxique ont été utilisés et conduisent aux mêmes résultats.

Avec les jeunes enfants, les requêtes d'information, les déclaratives, les requêtes d'action constituent les actes de parole les plus fréquents. Le discours maternel est très redondant, fait de nombreuses auto-répétitions, et de répétitions ou d'expansions (reprises d'énoncés avec ajout d'information) des énoncés enfantins. Ces répétitions peuvent avoir plusieurs fonctions : assurer à l'enfant la validation de son message ou de sa prononciation, lui montrer qu'il a été entendu et compris, lui indiquer que l'échange peut se poursuivre.

Les effets des adaptations

Toutes ces modalités d'adaptation visent à rendre le langage de l'adulte plus clair, plus simple à comprendre pour l'enfant. Mais quels sont leurs effets réels, tels qu'ils ont pu être mesurés ?

L'intonation facilite l'identification de la voix maternelle par le bébé : en effet il ne lui manifeste de l'intérêt que lorsque celle-ci est normalement intonée ; lorsque la mère lit un texte mot à mot et à l'envers, le bébé ne différencie pas la voix maternelle d'une voix étrangère.

Des chercheurs ont montré également que l'exagération de la hauteur tonale est maximale lorsque l'enfant a 4 mois, période où il manifeste un grand intérêt pour les modifications expressives du visage et de la voix humaine.

Des études de corrélations ont également mis en évidence que des mots ou certaines classes formelles de mots utilisés fréquemment par l'adulte le sont également quelques mois plus tard par l'enfant.

Les effets des adaptations syntaxiques ne semblent pas clairement mis en évidence. Ce qui paraît acquis, en revanche, c'est que le langage adressé à l'enfant étant généralement simple de ce point de vue, les variations observées sont de faible amplitude et n'ont d'effets que sur des aspects locaux du langage enfantin. Sur cet aspect comme sur le précédent, on peut observer en effet que les constructions fréquemment utilisées par une mère le sont également par son enfant. Ce qui paraît plus important à prendre en compte, c'est le contexte dans lequel s'insère cette interaction mère-enfant : par exemple des énoncés relativement courts et simples sont probablement nécessaires avec les jeunes enfants au début d'une séquence conversationnelle, alors que des énoncés plus complexes ou plus longs peuvent être compris à l'intérieur d'un contexte existant de compréhension personnelle, une fois qu'un terrain commun a été établi pour la compréhension, en quelque sorte.

Les réponses de l'adulte aux interventions de l'enfant, notamment les expansions (reprises avec ajout d'informations) semblent un procédé particulièrement efficace pour développer le langage des jeunes enfants dans ses aspects syntaxiques et sémantiques, ainsi que l'attestent plusieurs études. Une recherche expérimentale a montré notamment que les enfants qui reçoivent le plus d'expansions (et dont on a contrôlé le niveau de langage avant l'étude elle-même) produisent quelques mois plus tard des énoncés plus longs, plus de syntagmes verbaux et nominaux, plus d'auxiliaires et ont de meilleures performances à un test d'imitations de phrases.

En résumé, l'examen des nombreux travaux sur les effets des adaptations langagières des adultes sur le langage des jeunes enfants montre que certains procédés utilisés par l'adulte ont des effets sur des aspects locaux du langage enfantin (utilisation fréquente de certains mots, de certaines classes formelles ou structures syntaxiques). Mais ce qui paraît le plus important semble être surtout le cadre conversationnel offert par l'adulte à l'enfant, le fait de l'insérer dans la conversation en tant qu'interlocuteur actif, tout en lui fournissant un guidage, une aide, un « étayage »[1] à son expression d'abord gestuelle et vocale, et progressivement verbale.

La généralisation des caractéristiques d'adaptation

Les caractéristiques ci-dessus ont été mises en évidence dans des études extrêmement nombreuses des dialogues mère-enfant. Se retrouvent-elles aussi chez les pères, chez les adultes en général ? Sont-elles mises en évidence dans différents milieux sociaux, dans différentes cultures ? Varient-elles selon les activités qui réunissent un adulte et un jeune enfant ?

Les études du langage paternel adressé aux jeunes enfants, à défaut d'être aussi nombreuses que les études du langage maternel, convergent dans leurs résultats : les pères, comme les mères, modifient et adaptent leur langage lorsqu'ils s'adressent à un tout-petit, et les similitudes sont plus importantes que les différences. Lorsque des différences sont mises en évidence, elles peuvent être assez contradictoires d'une étude à l'autre, et semblent dépendre à la fois du temps passé par chacun des deux parents avec leur enfant, et de la diversité plus ou moins grande des activités réalisées en commun : en d'autres termes, lorsque le père et la mère passent à peu près le même temps avec l'enfant au cours de la semaine, lorsqu'ils participent à peu près également aux mêmes activités avec l'enfant, les différences s'estompent. Mais il faut souligner que ces études comparatives concernent principalement des parents de classe moyenne, ayant un niveau d'études de fin du secondaire ou plus, et leurs résultats ne peuvent donc être d'emblée généralisés.

---

[1] Traduction malencontreuse, mais adoptée dans la communauté scientifique, du terme anglais « scaffolding », comme le souligne Khomsi (1992). En effet l'image qu'il évoque en français est plutôt celle de la consolidation d'un édifice qui risque de s'écrouler, alors qu'en anglais, il correspond à un échafaudage provisoire en vue de la construction, ce qui décrit bien l'action de l'adulte dans ce cas.

Les comparaisons de mères issues de différentes classes sociales montrent que les adaptations du langage maternel aux possibilités de l'enfant semblent constituer un phénomène général : on les observe quelle que soit la classe sociale de la mère, ce qui ne signifie pas que les comportements verbaux des mères de différentes classes sociales soient identiques. En effet, de nombreuses études[1] montrent que les mères de milieu favorisé utilisent moins d'impératifs, moins d'énoncés pour diriger le comportement de l'enfant, qu'elles adressent plus de stimulations verbales à leur bébé (vocalisations contingentes à celles du bébé, commentaires positifs,...) ; en outre, lorsque leur enfant est plus âgé, elles assurent plus de réponses contingentes, plus d'expansions à ses interventions verbales, expansions dont les effets positifs sur le développement du langage de l'enfant ont été mis en évidence par plusieurs travaux (cf. précédent). Les différences semblent porter davantage sur le nombre et le type de réponses apportées à l'enfant, plutôt que sur le discours qui lui est spontanément adressé. Mais comme nous l'avons vu précédemment (cf. 3. de ce chapitre), plus que telle ou telle modalité du discours, ce qui semble le plus important, c'est la place qui est faite à l'enfant dans ses initiatives verbales et non verbales, aux comptes-rendus qu'il fait de ses activités ; ce sont aussi les questions et les encouragements verbaux qui lui sont fournis et l'encouragent à s'exprimer verbalement. Les différences semblent renvoyer davantage à un cadre affectivo-cognitif qu'à une théorie de la privation socio-culturelle.

Plusieurs caractéristiques du langage adulte varient également selon l'activité réalisée avec l'enfant. Il semble que, par rapport au jeu ou à des activités de soin (repas, bain, etc.), l'activité de lecture de livre mette en jeu un langage maternel plus complexe structurellement, un vocabulaire plus large, une fréquence plus élevée de questions et de dénominations, caractéristiques souvent considérées comme associées à un bon développement langagier de l'enfant. Le contexte de l'interaction peut jouer comme modérateur des différences de langage maternel liées à la classe sociale, puisque celles-ci sont réduites ou disparaissent en situation de lecture de livres, par exemple (Hoff-Ginsberg, 1991).

Ces similitudes et différences dans les interventions verbales des mères pourraient également être mieux comprises si on les replaçait dans le

---

[1] On dispose d'études sur l'anglais, le français et le néerlandais, notamment.

contexte plus large des comparaisons des réactions maternelles dans différentes cultures. De telles comparaisons indiquent en effet que les réponses verbales sont davantage valorisées chez les mères de classe moyenne de culture occidentale que chez des mères africaines (comparaison de mères habitant Boston aux USA et de mères Gusii du Kenya ; Richman et al, 1992) ; ces dernières utilisent avec leur bébé plutôt des réponses par contact physique : elles le prennent dans les bras et le caressent plus souvent que ne le font les premières, mais lui fournissent moins de réponses verbales ou par le regard lorsqu'il vocalise, crie ou les regarde. On trouve des différences similaires en comparant des mères mexicaines avec leur bébé, selon qu'elles ont été scolarisées 9 ans ou 2 ans. Et pourtant tous les enfants (sauf handicap particulier) apprennent à parler ! Alors, le langage adressé à l'enfant aurait-il donc peu d'effet sur le développement langagier de ce dernier ?

Ces interprétations devraient également tenir compte des partenaires privilégiés des jeunes enfants, qui varient selon les cultures : il s'agit principalement de la mère dans la culture occidentale, mais on sait qu'il en va différemment dans d'autres cultures, où un autre adulte (oncle, tante, par exemple), voire un enfant plus âgé (grande sœur) peuvent jouer ce rôle.

Les explications des adaptations du langage adressé à l'enfant

Ces diverses caractéristiques d'adaptation mises en évidence dans le langage que l'adulte adresse à l'enfant sont largement inconscientes. Plusieurs explications peuvent être avancées, pour expliquer à la fois pourquoi et comment les adultes adaptent leur langage.

Tout d'abord, l'enfant est un partenaire actif de l'interaction, qui manifeste, par différents types de réponses et de comportements non verbaux ou verbaux, sa compréhension du langage de l'adulte, guidant en cela les reformulations nécessaires, les clarifications ou simplifications utiles, dans la mesure, bien sûr, où l'adulte lui porte attention. Celui-ci a également le souci, explicite ou implicite, d'enseigner le langage au tout-petit ; il le manifeste par la redondance de son discours, les expansions ou corrections explicites des énoncés de l'enfant, par la dénomination d'objets ou la demande de dénominations lorsque l'enfant est capable de les produire, et même avant[1].

Mais l'objectif principal de l'adulte, en particulier de la mère, est de converser avec l'enfant ; c'est le plaisir de communiquer avec lui, même lorsqu'il ne dispose pas encore du langage articulé, ce qui explique que l'adulte interprète et sur-interprète les comportements non verbaux du bébé comme autant de répliques, ayant la valeur de prises de parole. Cet objectif explique aussi que le langage de l'adulte évolue avec celui de l'enfant : c'est l'enfant qui règle l'évolution du langage de son partenaire, à partir de ses progrès en compréhension, de ses capacités d'initiative dans la conversation. Ce plaisir de la communication s'accompagne également du souci d'intégration de l'enfant dans sa communauté culturelle, comme en témoigne l'insistance des mères ou des adultes de la famille (ou des adultes en général, dans d'autres cultures) à faire apprendre à l'enfant par exemple les rituels de politesse, d'abord sous forme non verbale (faire au revoir avec la main ou envoyer un baiser) puis sous forme verbale. L'apprentissage des rituels de communication et le modelage des rôles socio-linguistiques tiennent une place non négligeable dans les échanges avec l'enfant.

Ce que les mères et les partenaires privilégiés de l'enfant apprennent au tout-petit, à travers les adaptations de leur langage, c'est une « langue de la conversation », selon l'expression de Khomsi (1982), en la distinguant d'une « langue de verbalisation » que l'école va chercher à développer, en visant à une normalisation des formes linguistiques utilisées.

2. Les mécanismes impliqués dans les modalités sociales de l'acquisition de connaissances

Dans le paragraphe précédent, nous avons souligné à plusieurs reprises que la mère, dont le rôle est très valorisé dans notre société, n'est cependant pas le seul partenaire de l'enfant dans ses interactions. L'enfant se trouve rapidement dans un réseau de relations sociales et d'échanges avec différents partenaires, adultes et autres enfants. L'environnement social stimule

---

[1] Bien des travaux montrent que les mères sollicitent les dénominations d'objets chez leur bébé, avant qu'il soit capable de les produire (« Regarde ! C'est quoi, ça ? ») et acceptent un regard, un rire, une vocalise du bébé comme s'il s'agissait de la réponse véritable (« oui, c'est un lapin ! »).

son désir d'apprendre, fournit un cadre à ses activités, et guide ses apprentissages en lui fournissant les instruments pour apprendre. Mais ces relations sociales peuvent recouvrir des réalités bien différentes quant au processus de l'échange et à ses effets possibles, selon le statut des partenaires, plus ou moins asymétrique du point de vue de la compétence, de l'âge, du pouvoir. Trois mécanismes principaux semblent impliqués dans les modalités sociales d'acquisition des connaissances, qui peuvent nous aider à mieux comprendre la construction du langage chez l'enfant : la tutelle, la co-construction et l'imitation. Les trois renvoient à des cadres conceptuels différents et ont été particulièrement bien synthétisés dans un article de Beaudichon, Verba, Winnykamen (1988), dont on s'inspirera dans la présentation qui va suivre.

L'interaction de tutelle

La tutelle renvoie au cadre théorique proposé par Vygotsky (1985) et suppose une asymétrie de compétence entre un « novice » et un « tuteur », et des différences de but : le but du novice (apprenant) est de faire ou de dire, celui du tuteur (expert) est de faire faire ou faire dire. Le tuteur fournit au novice les informations nécessaires, les instruments utiles, présentés sous une forme simplifiée, assimilable par le novice, de telle sorte que celui-ci puisse les intégrer à ses connaissances antérieures. La notion de tutelle est liée à celle de « zone proximale de développement » définie par Vygotsky : le niveau de développement potentiel de l'enfant, correspondant à ce qu'il est capable de faire avec l'aide d'un adulte à un certain moment, c'est-à-dire l'écart entre le niveau de maîtrise auquel l'enfant se situe devant une tâche et le niveau qu'il peut atteindre grâce à la tutelle de l'adulte. Plus le novice progresse, plus le tuteur doit s'effacer pour lui laisser l'initiative et le contrôle de la réalisation, quitte à réintervenir si une difficulté apparaît. L'enfant progresse ainsi vers l'auto contrôle et la construction d'une compétence intériorisée (intra individuelle) après avoir été inter individuelle. L'établissement des interactions de tutelle, leur durée et leur forme dépendent des représentations que chaque partenaire a de l'autre et des difficultés et des progrès de l'activité ; la tutelle est le fait des adultes, mais peut aussi être exercée par un enfant plus âgé ou plus expert que l'enfant novice.

Bruner (1983) a une position voisine de celle de Vygosky, lorsqu'il étudie les interactions entre les mères et leurs jeunes enfants : certains rituels ou « formats d'interaction », au sens de jeux répétitifs avec alternance ou complémentarité des rôles des deux partenaires, répétant toujours le même scénario (autour de l'activité du repas par exemple, ou dans un jeu de cache-cache), constituent des procédures de simplification du réel qui facilite la prise de rôle, l'expression vocale ou verbale de l'enfant. Dans l'acquisition de savoir-faire et la résolution de problèmes par l'enfant, Bruner utilise la notion « d'étayage » pour rendre compte de la manière dont le tuteur soutient ou stimule les comportements de l'enfant qui vont l'aider à comprendre le but à atteindre et les moyens de l'atteindre.

L'auteur définit six fonctions de l'étayage (1983, p. 277-279) :

1. Enrôlement : la première tâche évidente du tuteur est d'engager l'intérêt et l'adhésion du novice envers les exigences de la tâche.

2. Réduction des degrés de liberté : simplification de la tâche par réduction du nombre des actes constitutifs pour atteindre la solution. Exemples de tâche : raconter l'histoire ; pour la simplifier, on va ajouter des questions comme : ça parle de qui ? où cela se passe-t-il ? etc. Autre tâche : puzzle ; pour simplifier, on va proposer : cherche les morceaux qui ont un bord droit pour faire le tour, cherche les pièces de l'ours, etc.

3. Maintien de l'orientation : les débutants s'attardent et rétrogradent vers d'autres buts, étant donné les limites de leurs intérêts et de leurs capacités. Le tuteur a pour charge de les maintenir à la poursuite d'un objectif défini (maintenir l'enfant « dans le champ » et déployer entrain et sympathie pour maintenir sa motivation).

4. Signalisation des caractéristiques dominantes : le fait de les signaler procure une information sur l'écart entre ce que l'enfant a produit et ce que lui-même aurait considéré comme une production correcte (faire comprendre les écarts).

5. Contrôle de la frustration : la résolution de problème devrait être moins périlleuse ou éprouvante avec un tuteur que sans lui (« sauver la face » pour les erreurs commises, etc.). Le risque majeur est de créer une trop grande dépendance à l'égard du tuteur.

6. Démonstration : ou « présentation de modèles » de solutions pour une tâche exige considérablement plus que la simple exécution en présence de l'élève. Elle comporte souvent une « stylisation » de l'action qui doit être exécutée, et peut comprendre l'achèvement ou même la justification d'une solution déjà partiellement exécutée par l'élève lui-même.

Ce cadre descriptif de l'analyse de la tutelle est prolongé par Wertsch & Sammarco (1988) dans l'analyse des processus de médiation sémiotique pendant l'étayage et l'étude de leurs incidences sur le développement cognitif.

■ La notion d'étayage

Premièrement, au niveau le plus simple de l'étayage, l'adulte « protège » l'enfant contre les distractions en assurant une convergence constante entre son attention et celle de l'enfant dans l'interaction. Qu'il s'agisse de l'apprentissage des activités sensori-motrices, cognitives ou encore linguistiques, l'adulte doit faire en sorte que l'enfant ait l'occasion d'établir des relations entre signes et événements [...]

Deuxièmement, l'adulte fournit des moyens pour la représentation et l'exécution des relations entre moyens et buts lorsque l'enfant ne peut pas encore comprendre le but qu'il faut atteindre ou les moyens efficaces pour y parvenir. Comme le montrent [plusieurs études], l'adulte dirige par son discours et ses actions les activités de l'enfant de façon à le confronter constamment à des relations entre signes, moyens et buts, et l'amener à intervenir activement dans ses relations avant qu'il puisse les représenter, s'accordant ainsi étroitement au niveau de l'enfant dans le déroulement de la tâche.

Troisièmement, on doit noter le rôle important que jouent les formats en assurant une mesure constante de succès pour l'enfant et l'adulte. En limitant la difficulté de la tâche à un niveau accessible à l'enfant, les formats lui permettent de poursuivre son activité avec un minimum d'aliénation dû à l'échec. Bien sûr, les formats sont souvent construits de façon à présenter à l'enfant des tâches qui sont légèrement au-delà de ses capacités immédiates pour provoquer un voyage dans la zone proximale de développement.

Quatrièmement, les formats fournissent des occasions de créer des conventions d'interaction à travers l'utilisation des signes dans le contexte d'action, des conventions qui ont des conditions de « félicité » telles que celles qu'on trouve dans les actes de parole plus complexes des interactions entre adultes [...]

La continuité entre les formats du jeune enfant et les formats plus complexes de l'adulte est en partie assurée par le fait que l'adulte construit avec l'enfant une « mini-culture » qui lui permet d'être dès la naissance un membre de la culture plus générale tout en fonctionnant à son niveau. Il ne s'agit donc pas pour l'enfant de *devenir* social ; il est social depuis toujours dans le microcosme des formats.

J. S. Bruner, *Le développement de l'enfant. Savoir faire, savoir dire*,
Paris, PUF, 1983, p. 288-289.

On peut trouver des exemples de telles interactions de tutelle lorsqu'un adulte découpe son message en unités, en s'ajustant au rythme de compréhension de l'enfant, ou lorsque, dans une activité de récit, il guide la production de l'enfant par des questions destinées à mettre en évidence les éléments principaux ou schéma narratif. Mais de telles interactions de tutelle peuvent être le fait d'enfants plus âgés, qui vont rendre saillants pour un plus petit, les éléments nécessaires à la compréhension de leurs énoncés (par l'intonation, la répétition de certains mots, ou la désignation d'objets auxquels on se réfère par exemple), ou maintenir son attention sur l'activité entreprise.

La co-construction et le conflit socio-cognitif

La co-construction a été étudiée dans la perspective théorique de Doise et Mugny (1981). Contrairement à l'interaction de tutelle, elle suppose la symétrie des compétences et des relations, et un but similaire. Elle correspond à une mise en commun des savoirs et des apports respectifs des partenaires pour atteindre ce but. Cette mise en commun peut passer par une coopération lorsque les apports sont complémentaires ; elle peut nécessiter un conflit de points de vue entre les partenaires, qu'ils auront à surmonter, lorsque les savoirs ou les stratégies de résolution du problème sont différents. Les activités des partenaires se coordonnent dans une réalisation ou une réponse commune, qui assure à chacun une ou des acquisitions nouvelles. Nous avons trouvé des exemples de co-construction dans les interactions verbales entre enfants de quatre ans essayant de s'expliquer les orages ou les inondations.

L'imitation

Ce troisième mécanisme renvoie à la théorie de l'apprentissage par observation de Bandura (1980)[1] et a été largement analysé par ailleurs par Piaget. Il s'agit de l'utilisation intentionnelle de l'action d'autrui comme point de départ ou comme guide de l'action orientée vers un but. Le modèle constitue une référence à partir de laquelle l'enfant évalue et contrôle ses propres tentatives. Ce mécanisme peut prendre des formes différentes selon que le modèle se sait ou non imité. Dans le second cas, il n'intervient pas directement dans l'activité de l'enfant ; dans le premier cas, le modèle peut

---

[1] Voir chapitre 2. On peut également se reporter à l'ouvrage de Winnykamen (1991).

ne pas participer ou au contraire intervenir, selon des formes variables qui peuvent prendre la forme d'une démonstration, et on peut se retrouver dans une interaction de tutelle. Par certains aspects, il y a également confrontation interindividuelle dans l'imitation, puisque le sujet imitant doit confronter son mode d'intervention ou de résolution de problème à celui du modèle et évaluer ce dernier comme plus efficace.

Les conduites d'imitation, exactes ou avec transformation, sont très précoces et constituent, d'après Baudonnière (1988), le premier mode d'échange soutenu entre enfants.

Imitation et co-construction dominent dans les interactions sociales entre jeunes enfants, mais des interactions de tutelles, de durée limitée, peuvent être observées chez des enfants de 2 ou 3 ans. C'est bien sûr avec l'adulte ou avec des enfants plus âgés que celles-ci prennent vraiment leur place, comme guidage régulier des progrès de l'enfant. A partir de 5 ans, les trois mécanismes peuvent apparaître au sein d'une même activité, en se substituant plus ou moins rapidement l'un à l'autre.

Pour conclure ce chapitre, quatre réflexions pourraient être proposées aux enseignants pour guider un travail sur le langage.

■ Les enfants arrivent à l'école avec des compétences, des savoirs, des savoir-faire différents, résultats de leurs développement physiologiques de leurs expériences, de leur histoire personnelle et sociale. Il importe de les reconnaître, non pas en termes de manques ou d'insuffisances, mais en termes d'acquis, comme des points de départ de l'action pédagogique.

■ Les enfants développent leurs compétences de communication et leur utilisation du langage dans des interactions avec des partenaires, dans des actions réalisées en commun qui ont un sens pour eux, spontanément ou parce qu'on les aide à le découvrir.

■ Ses premières acquisitions dans le domaine de la communication et du langage, l'enfant les a faites avec l'aide et les ajustements de ses partenaires dans un cadre conversationnel. Celui-ci l'a plus ou moins préparé aux verbalisations sollicitées dans le cadre scolaire, mais l'école constitue pour lui un monde nouveau, dans lequel la communication est à construire avec des partenaires nouveaux, aux modes d'expression pas toujours habituels, dans des activités à découvrir... Ce n'est pas simple...

■ L'adulte constitue un partenaire privilégié, l'enseignant est dans l'école cet adulte privilégié auquel il a été confié par ses parents ; c'est de lui qu'il va d'abord attendre le plus souvent les réponses à ses besoins, à ses demandes, déçu de devoir le partager avec autant d'enfants... L'enseignant, de par ses compétences d'adulte et de pédagogue, va aider l'enfant dans de multiples aspects de son développement ; mais celui-ci peut apprendre beaucoup de ses pairs, et plus généralement des autres enfants de l'école, pour peu qu'on l'aide, si nécessaire, à établir ou à maintenir avec eux des terrains communs et des occasions de coopération.

CHAPITRE 4

Les pratiques langagières à l'école maternelle

Nous avons terminé le chapitre précédent en insistant sur deux points : la diversité des capacités de communication et de langage des enfants lorsqu'ils arrivent à l'école maternelle d'une part, l'importance des partenaires dans le développement de ces capacités d'autre part. Ce faisant, nous sommes déjà au cœur des difficultés de pratique du langage et de la communication à l'école maternelle :
 – comment les enseignants peuvent-ils prendre en compte cette diversité de capacités, lorsqu'ils ont 25 ou 30 enfants autour d'eux ?
 – peuvent-ils ajuster leur langage selon les compétences de leurs élèves et sur qui se règlent-ils : les plus faibles ou les plus compétents ?
 – en quoi les situations langagières de l'école maternelle constituent-elles des situations nouvelles d'apprentissage pour les enfants ? comment apprennent-ils à y participer ?

– tous les enfants développent-ils également leurs compétences conversationnelles et langagières à l'école maternelle ?
– quelles sont les conséquences des comportements langagiers précoces sur le devenir scolaire des enfants ?

Dans ce chapitre, nous examinerons successivement les points suivants : la spécificité des situations conversationnelles ; les pratiques des interlocuteurs et leurs difficultés, en considérant successivement et par commodité d'exposé, celles des enseignants et celles des enfants ; nous tenterons enfin un bilan sur la manière dont, au quotidien, on tente de concilier objectifs « académiques » et diversité des enfants.

1 La spécificité des situations conversationnelles

On dispose de nombreux travaux sur les interactions maître-élèves en milieu scolaire, selon différentes perspectives (sociologique[1], pédagogique, psycholinguistique), mais qui concernent pour la plupart d'entre eux des niveaux de la scolarité plus élevés que celui de l'école maternelle, ou des aspects limités des interactions. A différents niveaux de la scolarité, on a souligné l'asymétrie des rôles de l'enseignant (Stubbs et Delamont, 1976), l'importance prise par ce dernier dans le temps de parole de la classe (Rondal, 1978) et son contrôle de la conversation. On a constaté également qu'il définit lui-même le thème de la conversation à partir duquel les élèves sont sollicités pour intervenir, au moyen de nombreuses questions, souvent fermées (François, 1980). Ces caractéristiques se retrouvent-elles à l'école maternelle ?

Peu de travaux en revanche rendent compte de modifications introduites dans les situations conversationnelles de l'école et de leurs effets éventuels, mesurés selon des procédures de contrôle rigoureuses. Citons toutefois à titre d'exemple Crahay (1989), et Wilkinson (1982).

Il y a maintenant un peu plus de dix ans que nous avons commencé à étudier les situations conversationnelles des écoles maternelles, dans

---

1   On pourra se reporter à la revue de question de Sirota (1987).

différents lieux géographiques, avec des enfants différents par l'âge et l'origine sociale notamment, et dont les enseignantes[1] sont elles-mêmes très diverses, par leur style, leur ancienneté dans la profession et à ce niveau de la scolarité, leur formation... Loin de paraître répétitives, les observations à partir desquelles sont effectuées les analyses semblent au contraire très diverses, porteuses de surprises : on est étonné par les réactions des enfants, intéressé par le savoir-faire des enseignantes dans certains épisodes délicats.

Mais au-delà de cette diversité, on retrouve toujours des similitudes qui tiennent aux conditions de pratique du langage, et plus globalement, à la structure scolaire elle-même. Tout d'abord, le groupe réunit généralement 25 à 30 enfants présents, il est souvent hétérogène du point de vue de l'âge lorsque deux niveaux sont regroupés dans la même classe (tout-petits et petits, petits et moyens, etc.), et toujours hétérogène du point de vue des compétences langagières ; l'enseignante est le seul adulte présent, aidée parfois d'une aide maternelle pour certaines activités. La nature de l'activité, son organisation (travail par petits groupes ou réunissant l'ensemble de la classe), le matériel utilisé sont beaucoup plus variables. Mais quelles que soient les caractéristiques des activités, l'institutrice conserve le rôle principal dans la direction de la communication, par les sollicitations adressées, les modalités du langage choisies.

Lorsque nous avons commencé nos observations (Florin, Braun-Lamesch, Bramaud du Boucheron, 1985), on disposait de très peu de données relatives aux échanges verbaux enseignants-élèves à l'école maternelle, à leurs aspects formels, thématiques, fonctionnels ou pragmatiques. L'intérêt des chercheurs se tournait plutôt vers les échanges mère-enfant ou vers d'autres niveaux de la scolarité jugés plus porteurs d'enjeux pour la réussite et l'échec scolaire. Or les enfants passent une proportion importante de leur journée à l'école dès l'âge de 3 ans et même avant pour un nombre croissant d'entre eux, à une période que l'on peut considérer comme capitale pour le développement langagier ; de plus la transmission pédagogique, à tous les niveaux de la scolarité, passe largement par le langage et commence à s'exercer à l'école maternelle où l'enfant est amené à en faire l'apprentissage. D'où notre intérêt pour des questions telles que : qui parle et dans

---

1 Nous n'avons eu que rarement l'opportunité d'observer des moments conversationnels avec des enseignants, ceux-ci étant ultra-minoritaires à l'école maternelle. Aussi parlerons-nous ici des enseignantes, en espérant que leurs collègues masculins ne nous en tiendront pas rigueur.

quelle proportion ? l'enseignante adapte-t-elle son langage aux enfants ? de quoi parle-t-on ? quelle est la fonction des énoncés produits ? etc.

1. Le choix des situations observées et le recueil des données

Pour répondre à ces questions, nous avons choisi, dans la mesure où on ne peut guère tout étudier, de travailler à partir de deux types de situations pédagogiques : les moments de langage et les ateliers. Les premiers regroupent tous les enfants autour de l'enseignante, généralement pour des activités de conversation ou de récit, avec utilisation éventuelle de supports tels que livres, diapositives ou marionnettes. Il s'agit de moments privilégiés consacrés au langage, contestés en tant que tels par une partie des enseignantes et dont l'objectif peut être double : transmettre des connaissances, notamment linguistiques, aux enfants, et les faire s'exprimer verbalement. Les seconds permettent aux enfants de travailler en petits groupes, de découvrir et pratiquer différentes activités : peinture, jeux d'eau, modelage, graphisme, réalisation de bracelets, jeux de société, etc., selon les cas ; ils peuvent occuper un temps important dans la journée scolaire, matin et après-midi, notamment pour les enfants les plus grands, ou qui n'ont pas de sieste dans la journée.

Ces deux situations ne résument certes pas les activités de l'école maternelle : activités de psychomotricité, sorties, visites et spectacles, situations informelles des soins quotidiens (accueil, habillement, passage aux toilettes, collation, réveil de la sieste) réunissent aussi les enfants chaque jour avec l'enseignante. Mais les premières étaient difficiles à prendre en compte pour des raisons techniques d'enregistrement ; les secondes, par leur caractère informel et leur organisation variable selon les écoles, les classes et le personnel disponible, étaient également difficiles à comparer ; en outre, même si elles peuvent représenter des moments très importants dans la journée des enfants et des occasions de dialogue privilégié pour les enseignantes, elles nous paraissent moins représentatives de l'école maternelle, en tant qu'activités pédagogiques.

Nous avons choisi d'enregistrer les séances au magnétophone, et ce, en présence de deux ou trois observateurs, selon la taille des groupes observés. Le magnétophone a été retenu, de préférence à l'enregistrement vidéoscopé, pour différentes raisons : il était accepté plus facilement que la vidéo par les enseignantes pour ce type de travail, et jugé moins intrusif dans la classe ; de plus notre intérêt était centré sur les verbalisations et le recueil de corpus langagiers et nous n'avions donc pas prévu de coder en tant que tels les aspects non verbaux des interactions ; enfin quelques essais d'enregistrement et de transcriptions de conversations scolaires nous ont convaincu rapidement que les pertes d'information enregistrées (messages inaudibles ou incompréhensibles, interlocuteurs non identifiés) n'étaient pas supérieures à celles qui étaient indiquées dans des recherches utilisant un enregistrement vidéo. Ultérieurement, d'autres raisons sont venues appuyer ce choix : un enregistrement « audio » garantit mieux l'anonymat des personnes enregistrées qu'un document « vidéo » et les enseignantes acceptent plus facilement que nous puissions les diffuser dans des activités de formation par exemple ; de plus, le fait d'avoir utilisé cette technique et d'en tirer autant d'informations a incité des enseignantes, après nos observations, à enregistrer elles-mêmes certaines de leurs conversations dans la classe, soit pour analyser leurs propres pratiques langagières, soit pour travailler certains aspects des conversations avec les enfants. C'est d'ailleurs en pensant à elles et à leurs collègues qui souhaiteraient faire de même que nous avons choisi de présenter de façon détaillée la méthode que nous utilisons pour le recueil et l'analyse des données : ainsi, elles pourront, si elles le souhaitent, se la réapproprier ou s'en inspirer, pour leur propre travail.

Depuis lors, nous avons conservé le plus souvent la même technique : on équipe l'enseignante d'un petit micro sans fil, qui la laisse libre de ses mouvements et nous garantit une bonne qualité de l'enregistrement, effectué avec un magnétophone à cassette relié au récepteur ; deux ou trois observateurs, selon le nombre d'élèves, assistent à la séance, à l'écart du groupe, et notent : qui parle à qui, un mot à sens plein (nom, verbe, adjectif) de chaque intervention pour pouvoir la réaffecter à son auteur, et les événements non verbaux utiles pour la compréhension de ce qui est dit. L'un d'eux effectue la transcription dans les meilleurs délais ; celle-ci est ensuite vérifiée et éventuellement complétée par l'autre (ou les autres) observateur(s).

Pour ces études, nous avons retenu dans les transcriptions les douze premières minutes de conversation dans chaque enregistrement : par exemple dans le cas d'un travail de récit à partir d'un livre, si l'enseignante commence par lire l'histoire, nous commençons la transcription à la fin de la lecture, lorsque débute l'échange avec les enfants. Le choix de la durée de l'enregistrement retenu pour la transcription s'est fait à partir de plusieurs critères : pouvoir comparer des corpus recueillis dans des classes de tout-petits et des classes de grands, et les séances dans les premières ne duraient guère plus longtemps dans bien des cas ; avoir un échantillon représentatif du langage utilisé au cours des séances enregistrées, et plusieurs essais nous ont confirmé que douze minutes d'enregistrement permettaient de l'obtenir. Évidemment le choix doit être différent si on poursuit d'autres objectifs, tels que décrire la structure complète d'une séance ou d'une leçon, ou encore analyser l'ensemble des productions individuelles des enfants, par exemple.

Avant tout enregistrement donnant lieu à une analyse, on s'est donné un ou plusieurs moments de familiarisation réciproque : les enfants nous ont ainsi vite acceptés et nous leur avons expliqué notre travail ; nous avons eu plus de difficulté à identifier rapidement chacun d'eux sans erreur, surtout pour les observateurs qui allaient chaque semaine dans plusieurs classes différentes, d'où l'idée suggérée par une enseignante et retenue, d'équiper chaque enfant d'une petite étiquette avec son prénom.

Enfin les transcriptions ne rendent compte que des échanges entre l'enseignante et les enfants dans la classe, puisque c'est là le thème que nous avions choisi. Pendant les moments de langage, les conversations entre enfants ne sont retenues que lorsqu'elles font partie de la séance, et les échanges en aparté ne sont pas transcrits ; pendant les activités d'ateliers, il en est de même, que l'enseignante reste avec un petit groupe pendant la séance, ou qu'elle aille d'un atelier à l'autre dans la classe.

Les résultats que nous présentons ici proviennent de plusieurs centaines d'enregistrements réalisés dans les différentes sections des écoles maternelles.

L'unité d'analyse est le plus souvent l'énoncé : il commence avec le début d'une prise de parole ou la fin de l'énoncé précédent, marquée par une pause. Une fonction telle que donner un ordre, demander une information, etc., est donnée par un énoncé unitaire. Chaque transcription se présente sous forme de trois colonnes : dans la première, on note « qui parle à qui » ; dans la deuxième, « ce qui est dit » ; et dans la troisième, « les événements ou comportements particuliers utiles à la compréhension de ce qui est dit ». Chaque minute d'enregistrement est transcrite sur une page différente, afin d'avoir des repères temporels et d'effectuer éventuellement des mesures sur une partie définie des séances (voir exemple ci-dessous).

■ **Transcription d'une minute d'enregistrement**

Séance de langage ; classe de petits ; on raconte l'histoire de Roule-Galette.

M - classe	qu'est-ce qu'il faut pour faire une galette ?
Mel - M	de la farine
M - classe	il faut de la farine !
	et pi quoi encore ?
Sir - M	pi des œufs, de la farine, du sucre
Mel - M	et pi du lait et du beurre
M - classe	de la farine, du sucre, du beurre, des œufs et du lait parfois
	et alors après qu'est-ce...
	où est-ce qu'elle met la galette, la grand-mère ?
Emi - M	au four
M - classe	elle la met cuire au four
	et la galette commence à cuire
Sir - M	et pi (coupe la parole)
M - classe	et voilà maintenant que la galette... ? (coupe la parole)
Nic - M	est trop chaude
M - classe	elle est cuite, elle est toute belle...
	elle est bien, bien sucrée, bien dorée
Sir - M	et pi y a une autre galette qui se promène
M - classe	elle est presque belle
M - Sir	tss tss (M veut faire taire Sir)
M - classe	elle est bien sucrée, bien dorée !
	mais elle est... ?
	/.../
	qu'est-ce qu'il lui dit le grand-père ?
	il n'est pas content !
	il lui dit : elle est... ?
Nic - M	trop chaude
M - classe	elle est trop chaude ta galette !
	alors qu'est-ce qu'elle fait la grand-mère ?
	/.../
	elle met où ?
	où la met-elle la galette ?
Nic - M	elle la met sur le rebord de la fenêtre !
M - classe	elle la met sur le rebord de la fenêtre !
	pour... ?
	/.../
	pourquoi la met-elle sur le rebord de la fenêtre ?
	/.../

Mel - M	elle a pas le droit
M - classe	pour la faire... ?
Mel - M	brûler !
M - classe	pour la faire refroidir !

2. Qui parle et comment ?

Quelle est la quantité de discours produit par l'enseignante d'une part, et les enfants d'autre part ? Varie-t-elle selon les situations ou les thèmes ? Pour répondre à ces questions, on calcule le nombre d'énoncés produits au cours d'une séance de 12 minutes, par les enseignantes et les enfants.

Ce qui apparaît immédiatement dans l'analyse, c'est la place centrale de l'enseignante dans la conversation, puisqu'à elle seule elle produit plus d'énoncés que tous les enfants réunis, à de rares exceptions près :
– en séance de langage, sa part dans la conversation[1] est le plus souvent comprise entre 50 % et 65 % ; on trouve cependant quelques séances, plutôt en grande section (GS), dans lesquelles tous les enfants réunis arrivent à produire ensemble entre 50 et 60 % des énoncés ;
– cette prééminence s'accroît encore pendant les ateliers (entre 75 et 80 %), non parce que l'enseignante parle davantage, mais parce que les élèves s'adressent moins à elle et sont mobilisés sur leur activité d'atelier ; de plus les enseignantes s'adressent souvent à eux pour donner des consignes ou les rappeler, les inciter à travailler, fournir le matériel nécessaire, ce qui n'appelle pas de réaction verbale de leur part ; la part de l'enseignante diminue très légèrement lorsqu'on s'élève dans les niveaux scolaires.

Un deuxième élément peut être souligné : on observe une relative stabilité du nombre d'énoncés produits par la classe au cours des séances de langage, qui correspond bien au rythme des échanges, sans brouhaha ni silence prolongé ; les séances de langage sont nettement différenciées des ateliers, à ce point de vue.

En séance de langage, la conversation prend la forme d'un échange de l'enseignante avec la classe : l'adulte prend la parole pour produire un ou

---

[1] Part dans la conversation = pourcentage d'énoncés produits par l'enseignante par rapport au total d'énoncés produits par la classe (enseignante + élèves).

plusieurs énoncés et solliciter la classe ; un enfant ou plusieurs répondent ; l'enseignante reprend la parole et utilise l'une des réponses précédentes pour poursuivre en sollicitant à nouveau la classe, etc.

La complexité du discours magistral varie-t-elle en fonction de l'âge des enfants, comme celle des mères (voir chap. 3) ? Pour répondre à cette question, nous avons calculé la longueur moyenne de ses énoncés (indice calculé sur 100 énoncés ; LME = nombre total de mots produits / 100). La réponse est très différente pour les ateliers et les séances de langage (Florin *et al.*, 1985 ; *op. cit.*) :

– en ateliers, la LME augmente régulièrement avec l'âge des enfants, de 5 ans environ en section de tout-petits (TP) à 6,5 en section de grands (GS), ce qui correspond à des énoncés relativement simples, tels que :

    — Tu prends l'encre comme ça.
    — Tu viendras après, c'est promis !

– en séance de langage en revanche, on n'observe aucune variation systématique de la LME avec l'âge des enfants (5 < LME < 7,5, selon les séances) ;

Bien sûr, il s'agit là de moyennes ; certains énoncés magistraux peuvent se limiter à un seul mot (« oui »), tandis que d'autres sont nettement plus longs, notamment lors de l'exposé du thème de la séance :

■ **Exemple d'énoncés longs produits par l'enseignante en début de séance (classe de grands)**

M - classe	Moi je vous propose qu'on reçoive les papas et les mamans à l'école pour faire la fête avec eux
Plusieurs	ouais !
M - classe	alors si vous avez quelque chose à dire, chacun son tour !
Lin - M	on va faire la fête
M - Emi	Emi.
Emi - M	faudrait que les mamans elles emmènent les gâteaux
M - Emi	ben alors ça serait les mamans qui nous apporteraient de quoi faire la fête alors ?

La longueur moyenne des énoncés magistraux augmente donc avec l'âge des enfants, mais ne varie pas systématiquement en séance d'atelier. Ce procédé d'adaptation utilisé par les mères l'est donc à l'école mais uniquement dans les séances où, les enfants travaillant en petit groupe, l'enseignante s'adresse à eux surtout de manière individualisée. Lors des activités de langage regroupant toute la classe, ce procédé n'apparaît pas : la situation collective semble beaucoup moins propice à l'adaptation du langage. Dès lors, on peut se demander si le discours utilisé est trop simple ou trop complexe ; si l'on prend comme point de comparaison le discours maternel, la réponse pourrait être : les énoncés paraissent un peu longs en moyenne pour qu'ils soient compris de tous les plus jeunes, ils semblent assez courts pour les plus âgés. Mais il est bien sûr difficile de comparer une situation de dialogue et une situation collective impliquant 25 à 30 interlocuteurs potentiels.

L'examen des productions enfantines montre qu'elles sont deux fois plus nombreuses en séance de langage qu'en atelier, sans varier quantitativement en fonction du niveau scolaire. Les énoncés utilisés sont relativement pauvres syntaxiquement jusqu'à la section de moyens comprise, par rapport à ce qu'on peut attendre de l'évolution des compétences langagières chez des enfants de cet âge ; ils sont faits le plus souvent de mots isolés, de syntagmes, et des productions de type SVO (sujet-verbe-objet) ou plus représentent moins du tiers de leurs énoncés ; elles ne deviennent dominantes qu'au niveau de la grande section. Ces observations, confirmées depuis par d'autres, montrent que ces situations ne semblent pas favoriser l'élaboration d'énoncés complexes ; les énoncés simples, voire les mots isolés, semblent répondre à la demande des enseignantes. N'est-ce pas un peu en deçà des objectifs que peut se fixer l'école maternelle quant au développement du langage des enfants ?

3. Thèmes des séances et fonction des énoncés

Dans l'étude déjà citée (Florin, Braun-Lamesch, Bramaud du Boucheron, 1985), une analyse de près de 100 séances (pour moitié des séances de langage, pour moitié des ateliers, dans des classes de tous les niveaux d'âge) indiquait des similitudes importantes d'une classe à l'autre dans les thèmes des séances et la fonction des énoncés.

En séance de langage, outre la place importante accordée aux histoires et aux contes, il nous est apparu que l'on s'écarte très peu du thème initialement proposé. Dans les séances consacrées à une histoire, les enseignantes consacrent en moyenne 70 % de leurs énoncés à celle-ci (« qu'est-ce qui se passe après ? que fait le roi ? ») ; la vérification des connaissances générales, c'est-à-dire celles qui ne sont pas liées de façon spécifique à l'histoire ou à l'événement raconté, représente 10 % des énoncés (« comment s'appelle le petit du cheval ? » ; « qu'est-ce qu'il faut pour faire une galette ? ») et les références aux expériences personnelles des enfants sont peu fréquentes (5 à 10 % en moyenne ; « t'as déjà vu un ours, toi ? ») ; le reste (environ 10 %) correspond à l'organisation de la vie de la classe et la régulation des comportements (« bon alors maintenant, on va faire les groupes » ; « écoute un peu, Sam ! »). Avec les enfants les plus jeunes, il s'agit le plus souvent de décrire ou de dénommer des objets présents ; avec les plus âgés, le rapport à la situation est moins immédiat et on fait davantage appel à des éléments « hors situation ». Les expériences personnelles ne sont véritablement prises en compte que lorsqu'elles constituent le thème principal de la séance (exemple : « Alors aujourd'hui on va parler des bébés. Qui a un bébé à la maison ? ») ; dans ce cas elles peuvent représenter 50 % des énoncés, la référence aux connaissances générales demeurant toujours un objectif bien présent (20 % des énoncés environ) ; mais il arrive assez fréquemment que, dans de telles séances, la référence à une histoire revienne sur le devant de la conversation alors qu'elle n'en constitue pas le thème, en principe.

En séance d'atelier, on parle surtout du travail à réaliser (60 à 65 % des énoncés ; « tu tapes avec le jaune... tu mélanges bien toutes les couleurs, il faut remplir toute la feuille ») ; la régulation des déplacements et des comportements représente 30 % des énoncés avec les tout-petits et tend à perdre de l'importance au fur et à mesure qu'on s'élève dans les niveaux scolaires (10 % environ en grande section), les enfants devenant plus disciplinés et plus autonomes. Les ateliers sont aussi l'occasion de vérification des connaissances générales (10 à 20 % des énoncés magistraux, à tous les niveaux scolaires), celle-ci pouvant même devenir le thème principal de certaines séances. L'expérience personnelle des enfants est peu prise en compte dans les échanges enseignante-enfants en atelier : moins de 5 % des énoncés y sont consacrés en moyenne, rarement plus de 10 %.

En séance de langage, l'enseignante parle surtout pour donner de l'information aux enfants et pour poser des questions-tests dont elle connaît les réponses (« ça a combien de côtés un carré ? ») ; ces deux fonctions représentent chacune autour de 20 % des énoncés ; l'adulte reformule ses propres énoncés ou ceux des enfants (environ 15 % dans chaque cas) et évalue les interventions enfantines (environ 10 %). Le reste correspond surtout à des requêtes d'information (« qu'est-ce que tu as fait dimanche ? ») et à des requêtes d'action (« montre-moi sur l'image ! »). La fonction des énoncés varie peu selon le niveau scolaire, mais davantage avec le thème général de la séance : par rapport à des séances consacrées à une histoire, le fait de parler des expériences des enfants ou de la classe (« hier on a été au marché tous ensemble ; qu'est-ce qu'on a fait ?) entraîne une fréquence plus élevée des requêtes d'information, l'enseignante apportant elle-même moins d'informations.

En atelier, les principales fonctions des énoncés magistraux sont principalement : des requêtes d'action (20 %), des apports d'information (17 %), des requêtes d'information (15 %), des évaluations (entre 10 et 15 %) et des reprises d'énoncés magistraux ou enfantins (20 % au total). On observe peu de variations de la fonction des énoncés en fonction de l'âge ou de la séance.

Le nombre de questions posées paraît très important en atelier (5 ou 6 par minute, en moyenne) ; il l'est encore davantage pendant les moments de langage (plus de 6 par minute) ; certaines enseignantes en posent même une dizaine par minute dans quelques séances, qui ressemblent alors davantage à des situations de tests ou d'examen qu'à des échanges conversationnels. Les tout-petits reçoivent autant de questions et même quelquefois plus que leurs aînés. Il s'agit, pour plus de la moitié d'entre elles, de questions fermées à une seule réponse possible (« combien de personnes voit-on sur cette image ? ») ou de questions auxquelles on doit répondre par oui ou non. Les questions ouvertes représentent moins de 15 % du total, sauf lorsqu'on parle d'expériences des enfants : leur proportion augmente alors sensiblement, tandis que celle des questions fermées diminue. On trouve également des questions, en apparence ouvertes, mais en réalité fermées, parce que l'enseignante attend une réponse bien précise, comme dans les exemples ci-dessous :

> ■ **Premier exemple de questions ouvertes/fermées (classe de moyens)**
>
> | | |
> |---|---|
> | M - classe | qu'est-ce qu'on sème ? |
> | Vir - M | des radis |
> | M - Vir | des radis |
> | | mais qu'est-ce qu'on sème ? |
> | Mic - M | des trucs |
> | Mat - M | des salades |
> | M - classe | des... ? |
> | Lud - M | des gu... |
> | M - Lud | oui ? |
> | Lud - M | des graines |
> | M - Lud | des graines, oui ! |
>
> ■ **Deuxième exemple de questions ouvertes/fermées (classe de petits)**
>
> | | |
> |---|---|
> | M - classe | qu'est-ce qu'on peut dessiner à côté du canard ? |
> | Ele - M | des graines |
>
> L'enseignante répète sa question jusqu'à ce qu'elle obtienne la réponse attendue : une mare.

On peut trouver dans certaines séances 30 à 40 % de questions de ce type, particulièrement difficiles pour de jeunes enfants, du moins pour ceux qui n'ont pas deviné la réponse attendue.

Compte tenu de l'importance des questions, il n'est guère surprenant que la plupart des énoncés enfantins soient des réponses, correctes ou incorrectes ou des répétitions de réponses antérieures ; les apports d'information non sollicitée par l'enseignante sont rares (moins de 10 % des énoncés enfantins) et les demandes d'informations quasi inexistantes en séance de langage ; ces deux catégories d'énoncés enfantins sont davantage représentées en atelier, mais les réponses restent la catégorie la plus représentée.

Les pratiques langagières à l'école maternelle

> ■ **Le maître : un interlocuteur actif ?**
>
> Il ne devrait jamais arriver non plus que le maître ne soit pas cet interlocuteur actif qui sait prolonger les échanges sans redondances, sans expansions faites uniquement dans le but de « faire parler ». S'il y a quelque chose à dire, si les prolongements sont intéressants et nécessaires, alors les apprentissages se font. Mais si la parole est anodine, et un simple « bruit » de convivialité, ou si, à l'inverse, elle est obsessionnellement pédagogique, il y a fort à parier que les progrès en langage seront plus lents ou qu'ils se feront essentiellement par les pairs.
>
> M.-C. Rolland, *Enseigner aujourd'hui à l'école maternelle*, Paris, Ellipses, 1994.

Les échanges apparaissent donc centrés sur un thème dont on s'écarte peu, l'enseignante maintenant et contrôlant la conversation par de nombreuses questions, qui relèvent davantage de la vérification de connaissances que de la requête d'information. Certains thèmes semblent toutefois plus favorables à des échanges plus ouverts, dès lors qu'on fait appel aux expériences des enfants, personnelles ou vécues en commun.

2 Les pratiques des enseignants et l'expression des enfants

1. Les caractéristiques générales

Il est vrai que chaque enseignante et chaque classe a en quelque sorte son style propre : certaines enseignantes posent beaucoup de questions ou apportent beaucoup d'informations, d'autres moins ; certaines classes sont régulièrement actives, tandis que les échanges se développent lentement et difficilement dans d'autres ; etc. Mais au-delà de cette diversité entre les enseignantes et entre les classes, apparaissent des caractéristiques générales :

■ La conversation prend généralement la forme d'une série de dialogues entre l'enseignante et sa classe, dans lesquels l'adulte commence par solliciter collectivement le groupe des enfants ; un ou plusieurs répondent ; l'enseignante sélectionne et reprend une information apportée et relance la discussion par une nouvelle question, etc.

- Il s'agit d'un système de communication extrêmement centralisé autour de l'adulte, qui produit à lui seul plus de 50 % des énoncés de la classe ; les échanges entre enfants sont rares, de courte durée et peu encouragés.

Quelle que soit la situation, le discours magistral conserve globalement les mêmes caractéristiques :
- Il varie peu en fonction de l'âge des enfants. Il n'est pas plus simple formellement (on n'observe pas de variation systématique de la longueur moyenne des énoncés, par exemple) ; il n'est pas moins riche quant au contenu, ni plus personnalisé lorsqu'il s'adresse aux enfants les plus jeunes.
- A niveau d'âge constant, il varie peu en fonction des différences individuelles dans les compétences communicatives des élèves.
- Il varie peu en fonction des thèmes traités ou en fonction de la composition du groupe de travail.

Bien que l'école maternelle soit « une école sans programme », la conversation scolaire qui s'y développe présente globalement les mêmes caractéristiques académiques que la conversation à l'école primaire lorsque l'enseignant fait une leçon sur un point déterminé du programme (cf. De Landsheere & Bayer, 1969) : système hyper-centralisé autour de l'enseignant, visant essentiellement la vérification des connaissances acquises et l'apprentissage de connaissances nouvelles ; thème imposé dont on s'écarte peu.

Ces similitudes s'expliquent en partie par les difficultés inhérentes à toute gestion d'une situation collective : il est difficile par exemple d'accepter des productions « hors thème » ou hétéroclites, sans tomber dans un dialogue de sourds ou des conversations en parallèle. Certaines enseignantes y parviennent toutefois, en laissant les enfants infléchir le thème dans une direction non prévue, acceptant des productions saugrenues et des moments de cacophonie, quitte à reprendre l'initiative un peu plus tard et à développer avec la classe un thème plus structuré. Mais les classes de petits et celles des grands n'ont pas les mêmes compétences, faut-il le rappeler : les grands peuvent simultanément traiter un thème et se lancer dans quelques digressions ; les petits en revanche, ont plus de difficultés ; ou bien on suit un thème avec eux, mais très peu d'enfants participent ; ou bien beaucoup participent et le thème dérive rapidement de sa ligne initiale.

Mais ces similitudes s'expliquent surtout par le modèle éducatif sous-jacent. L'accent est mis sur l'autorité magistrale, sur la transmission des savoirs, et sur la compétition dans l'accès à la parole, bien davantage que sur l'expression individuelle et le développement des compétences communicatives dans leurs différentes dimensions (linguistiques, socio-linguistiques, référentielles ou stratégiques). Ce que les enfants doivent apprendre rapidement dans ces situations, c'est en quelque sorte leur métier d'élève, à savoir dans le cas présent, qu'ils ne sont qu'un élément d'un groupe – la classe-, sollicité en tant que tel par l'enseignante, pour construire avec son aide la progression du thème.

2. La participation des enfants

Dans ces situations, les enfants sont, d'une manière générale, limités à un rôle réactif. Ils doivent :
– se conformer aux choix thématiques de l'enseignante, choix qui renvoient souvent à un univers moral et artificiel (celui des contes), laissant peu de place à l'imaginaire propre des enfants et aux réalités de la vie contemporaine ;
– réagir à des sollicitations magistrales souvent non personnalisées, l'enseignante s'adressant collectivement au groupe ;
– répondre à de nombreuses questions, souvent fermées (7 à 9 questions par minute en moyenne) ;

Participer verbalement suppose aussi une bonne connaissance des règles généralement implicites de la conversation scolaire. Il faut savoir, en particulier :
– fournir, parmi un ensemble des réponses possibles, celle qui est attendue par l'enseignante et qui servira à poursuivre la discussion ;
– formuler brièvement et clairement sa réponse, sous peine de ne pas être entendu, compte tenu du rythme alerte de la conversation et des prises de parole spontanées de certains enfants qui ne laissent guère le temps de s'exprimer à ceux qui sont plus lents, plus hésitants ;
– interpréter, parmi les nombreuses absences de réponses magistrales, celles qui signifient la non-pertinence d'une intervention : selon les classes, 34 à 50 % en moyenne des prises de parole enfantines ne reçoivent pas de réponse, soit qu'un autre enfant intervienne spontanément,

soit que l'enseignante s'adresse à la classe ou à un autre enfant. De plus, les enseignants opèrent une subtile gradation des non-réponses en fonction du degré de pertinence des interventions enfantines, comme nous avons pu l'observer dans quelques dizaines de séances : 38 % de non-réponses pour les interventions thématiques, 42 % pour les non-thématiques, 51 % pour les incorrectes, 68 % pour les ininterprétables, 82 % pour les absences de réponse enfantines à une sollicitation magistrale. En voici un exemple :

■ **On raconte une visite de la classe dans un parc animalier (classe de petits)**

M - classe	Où est-ce qu'on a été ?	
	qu'est-ce qu'on a fait ?	
Kév - M	on a été voir les animaux	
M - classe	où ?	
Sar - M	dans le bois	
Nic - M	on n'a pas été...	
Mat - M	l'autruche ça mord	(*coupe la parole*)
M - classe	on a été dans le bois, oui	
	mais dites-moi, c'est loin !	
Eli - M	y avait un porc	(*fait une grimace*)
M - classe	comment est-on...	
Aud - M	en car	(*coupe la parole*)
M - classe	chut	
M - Aud	alors Aud ?	
Aud - M	on y a été en car	
M - Aud	on y est allé en car oui	
M - classe	et qu'est-ce qu'on a fait ?	
Mat - M	en car	
M - classe	qu'est-ce qu'on a fait en arrivant ?	

Dans cet exemple, l'enseignante ignore l'intervention de Kév, puis celles de Nic et Mat pour reprendre celle de Sar, puis celle d'Eli, et encore une intervention de Mat. A deux reprises ici, les enfants parlent en coupant la parole, et on peut remarquer que Aud fournit la réponse avant que l'enseignante ait fini de poser sa question.

En outre, il faut être capable de s'affirmer dans une situation fortement concurrentielle et perçue comme telle par de nombreux enfants.

Dans ces conditions, bien des élèves éprouvent de sérieuses difficultés à participer :
- Les réponses inadéquates sont fréquentes chez les tout-petits (20 % en moyenne), comme le montre l'exemple ci-dessous.

■ **On raconte l'histoire de Zazou le teckel (classe de tout-petits)**

M - classe	Pendant que son ami Benoît dormait, Zazou le teckel s'est sauvé. oh, qu'est-ce qui se passe là ?	(*M montre aux enfants le livre ouvert*)
Ben - M	un chien	
M - classe	y a un chien	
Gae - M	y a deux chiens	(*Zazou est sur la page de gauche ;*
M - Gae	y a deux chiens ?	*il est aussi représenté*
Ben - M	y a deux chiens	*sur la page de droite*)
M - classe	vous êtes sûrs qu'il y a deux chiens ?	
Jam - M	y a un chien	
Ben - M	il est là l'autre	(*tend le doigt vers le livre*)
M - Joh	dis Joh, qui est-ce là ?	
Joh - M	Zazou	
M - Joh	et là ?	
Séb - M	encore Zazou	
M - classe	c'est encore Zazou ! et là qui est-ce ?	
Emi - M	Benoît	
Joh - M	il dort	
M - Joh	il dort et où ça ?	
Ali - M	dans son lit	(*Benoît est assoupi dans un fauteuil*)
Mat - M	non	

Plusieurs enfants se trompent en identifiant deux chiens au lieu d'un ; un autre localise mal le personnage de Benoît. Il s'agit là d'erreurs d'ailleurs fréquentes chez les tout-petits, qui ont des difficultés à trouver une identité dans plusieurs images (première erreur) ou ont tendance à donner une réponse fonctionnellement fréquente sans tenir compte des caractéristiques spécifiques de la situation (deuxième erreur).

■ Le discours enfantin est peu complexe et peu informatif, jusqu'au niveau des moyens compris : un mot, un syntagme isolé, plus rarement une proposition (à peine un tiers des énoncés) constituent la majorité de leurs énoncés.

■ La répartition des prises de parole est très inégalitaire à tous les niveaux scolaires ; 39 % des tout-petits, 37 % des petits, 29 % des moyens et encore 31 % des grands ne participent guère, voire jamais, à la conversation scolaire, sans que des insuffisances ou des retards de développement langagier puissent expliquer de telles difficultés, d'après les différentes épreuves de langage que nous leur avons administrées, en compréhension et en production. Il peut arriver aussi que la majorité des énoncés soit produite par un très petit nombre d'enfants, les autres restant complètement à l'écart de la conversation[1].

Or les conséquences à terme de ce fonctionnement sont loin d'être négligeables (cf. Florin, 1991). Les comportements langagiers ont une place importante dans la dynamique du fonctionnement psychologique des enfants et dans leur devenir scolaire. En effet, il s'avère que, dès la petite section, les enfants faibles parleurs, – ceux qui restent souvent à l'écart de la conversation scolaire –, tendent à rester dans cette position les années suivantes. En outre les comportements de participation verbale en classe constituent, en association avec un petit nombre d'autres comportements, des prédicteurs de la réussite et des difficultés scolaires à l'école élémentaire.

Les objectifs académiques et la diversité des enfants 3

Partant de cet état de fait, nous nous sommes demandés si une organisation différente des activités de langage à l'école maternelle est possible, comment elle peut être mise en place, comment on peut favoriser une réelle reconnaissance du discours personnel des jeunes enfants.

---

[1] Nous avons ainsi trouvé des séances dans lesquelles plus de 60 % des énoncés étaient produits par trois enfants, voire deux ou même seulement un.

1. Les expérimentations effectuées

Comment assurer une diversification adaptative des interventions magistrales et un meilleur développement des capacités communicatives de tous les enfants, et notamment des faibles parleurs, ceux qui restent à l'écart ? Le problème majeur est celui de la différenciation de l'enseignement, une différenciation préventive plutôt que réparatrice, qui puisse au quotidien s'adapter, autant que faire se peut, aux capacités différentes des enfants.

Nous avons expérimenté divers aménagements dans la dimension et la composition des groupes conversationnels, avec la collaboration des enseignantes, dans des classes de différents niveaux d'âge (cf. Florin, 1991) :
– réduction de la dimension du groupe à un tiers de l'effectif de la classe (6 à 10 enfants selon les cas) pour constituer des petits groupes ;
– composition « hétérogène » ou « homogène » du petit groupe : la composition est définie uniquement à partir des prises de parole des enfants en situation habituelle de grand groupe, indépendamment de la « qualité » des interventions. Les enfants sont classés en fonction du nombre d'énoncés produits dans cette situation, depuis celui qui parle le plus jusqu'à celui qui parle le moins ; partant de là, on peut définir 3 sous-groupes : les grands parleurs, les moyens parleurs et les faibles parleurs ; ils constituent les groupes appelés « homogènes ». Les groupes dits « hétérogènes » sont composés chacun d'un tiers des trois groupes « homogènes », soit pour un groupe de 9 enfants, par exemple : 3 grands parleurs, 3 moyens parleurs, 3 faibles parleurs.

2. Les résultats obtenus

L'observation de ces groupes en fonctionnement et l'analyse statistique de leurs productions conduisent aux résultats suivants :
■ Réduire la dimension du groupe conversationnel est une condition nécessaire pour augmenter le temps de parole théorique dont peut disposer chaque enfant. Mais c'est une condition insuffisante pour rééquilibrer la participation verbale au profit des faibles parleurs, dans la mesure où deux ou trois grands parleurs suffisent à monopoliser l'essentiel de la conversation.

■ Homogénéiser les petits groupes conversationnels en fonction du degré de participation habituelle en grand groupe réduit sensiblement la pression concurrentielle. Les faibles parleurs deviennent des participants très actifs à la conversation : comparée à ce qu'elle est dans les grands groupes habituels, leur production langagière est multipliée par 4,5 à 40,9 selon les enfants. On voit ainsi des enfants qui produisent en moyenne un énoncé par séance en produire, dès la deuxième séance, entre 12 et 30 régulièrement dans des conversations en petit groupe homogène.

■ Diversifier les thèmes conversationnels et laisser les enfants parler de leurs expériences personnelles stimule les capacités expressives des plus jeunes sur un terrain sémantique plus favorable que celui des contes. Ceci incite, en outre, les enseignantes à individualiser davantage leur discours, à solliciter plus fréquemment les enfants par des questions ouvertes.

■ Privilégier les dialogues personnalisés et instaurer des tours de parole systématiques en petit groupe peut être réalisé par les enseignantes, lorsqu'elles y sont explicitement invitées.

Les enfants apprennent ainsi très rapidement le respect de la parole des autres et les règles de la convivialité qui bénéficient largement aux faibles parleurs des séances habituelles.

Les effets de ces aménagements expérimentaux ont été positifs, et perçus comme tels par les participants, enseignantes et enfants, dès les premières séances. Mais il est difficile de modifier en deux ou trois essais des habitudes de fonctionnement solidement ancrées et mises en œuvre quotidiennement. Ces modifications ne vont pas de soi, ainsi que le reconnaissent les enseignantes, et nécessitent un certain apprentissage.

3. Privilégier la personne, sa spécificité et la souplesse adaptative

Mais, plus fondamentalement, la question qui est posée est celle du « modèle éducatif » (au sens de Plaisance, 1986) à mettre à l'œuvre dans les conversations enseignant-élèves à l'école maternelle.

Il faut partir du besoin de communication et d'expression des enfants, privilégier l'individu, sa spécificité, sa diversité et la souplesse adaptative (voir les chapitres précédents, notamment les chap. 2 et 3).

Il y a à cela deux raisons majeures : d'une part, on le sait, c'est en conversant, en étant actif (et non pas réactif) que l'enfant apprend le langage (cf. les travaux de Bruner) ; d'autre part les compétences langagières et notamment la participation à la conversation scolaire sont une condition importante de la réussite scolaire ultérieure, comme le confirment plusieurs études longitudinales (Florin, 1991).

Il faut développer les différentes composantes des compétences communicatives à l'intérieur d'activités finalisées, signifiantes et motivantes pour les enfants.

D'une manière générale, il s'agit de privilégier le fonctionnement psychologique, le fonctionnement individuel des enfants et de lui subordonner l'organisation du travail en classe et dans l'école. Non l'inverse.

La question n'est pas de choisir entre rigueur et laisser faire, mais de casser les rigidités et introduire de la souplesse dans les fonctionnements, en sachant qu'on ne peut guère mener de front plusieurs objectifs à la fois, surtout lorsqu'ils sont contradictoires. Il est difficile par exemple d'apporter beaucoup d'informations, tout en laissant largement parler les enfants, ou encore de restituer complètement et logiquement un récit tout en faisant s'exprimer la quasi-totalité des enfants de la classe. On pourrait ainsi se donner quelques principes généraux de fonctionnement :

– être dirigiste dans l'organisation des groupes-classes et des petits groupes de travail : opérer un aménagement rigoureux du fonctionnement des groupes, une régulation des prises de parole, une gradation contrôlée des pressions concurrentielles en réglant la taille et le degré d'homogénéité des groupes de travail, sachant qu'ils ne doivent en aucun cas être considérés comme des groupes de niveau, mais comme des modes d'organisation ponctuels, situés dans le temps, en fonction des problèmes rencontrés par les enfants, et susceptibles d'être modifiés pour faciliter les progressions individuelles ;

– être libéral dans l'aménagement des conversations, dans le choix des thèmes et dans les initiatives laissées aux enfants, relatives notamment à leurs expériences et leurs intérêts personnels ;

– être souple enfin dans la prise en compte des différences individuelles sur tous les plans et dans les ajustements de niveau de langage nécessaires au bon fonctionnement de chacun.

Il ne s'agit pas pour autant de prôner un spontanéisme sauvage, tel qu'on le trouve dans bien des séances conversationnelles, et dont seuls les grands parleurs sortent toujours gagnants. Mais d'un autre côté, il s'agit bien de fonder la démarche éducative sur les motivations des enfants et leur appétit de communication. Ceci suppose une diversification des séances, à la fois dans les objectifs, les fonctions du langage mises en œuvre, la structure des groupes conversationnels, et dans les modes d'intervention des enseignants, de façon à stimuler l'ensemble des compétences langagières des enfants.

Tout d'abord diversifier les objectifs

Acquérir des connaissances générales, apprendre la conduite de récit, certes ; mais aussi entraîner différents domaines de compétence langagière : prononciation, lexique, syntaxe ; apprendre à converser dans un groupe, à s'y exprimer, à confronter des points de vue avec autrui.

Diversifier les thèmes et à travers eux les fonctions du langage

Acquérir la structure de récit, qu'il s'agisse de raconter un conte, une expérience personnelle ou une expérience de la classe ; élaborer un projet commun ; développer l'imaginaire, en créant un conte, une poésie, les dialogues d'un spectacle dont les enfants seront les acteurs ou dans lequel on utilisera des marionnettes ; apprendre à participer à un débat et argumenter ses points de vue à partir des préoccupations quotidiennes des enfants ou des thèmes d'actualité auxquels ils sont si souvent exposés, via la télévision notamment et aussi les discussions familiales ; utiliser des activités de communication référentielle empruntées à la recherche pour créer des expériences de communication dans la classe (type jeu de « qui est-ce ? », dans lequel il faut deviner un personnage à partir de l'identification de ses propriétés différentielles).

Diversifier la structure du groupe conversationnel

C'est-à-dire tout à la fois sa dimension, sa composition et son organisation interne, et notamment le réseau de communication. Le travail en grand groupe devrait être introduit progressivement en cours d'année. Le travail linguistique et conversationnel proprement dit devrait commencer en petits groupes dont on ferait varier la composition – groupes « homogènes » tout d'abord, puis groupes « hétérogènes » –, selon les critères que nous avons utilisés. Cette progression vers le travail en grand groupe devrait être soigneusement graduée, notamment pour les enfants les plus jeunes et ceux dont les capacités langagières et sociales sont les plus limitées.

Par ailleurs, la communication devrait pouvoir s'établir non seulement entre l'enseignant et le groupe, comme c'est le cas classiquement, mais aussi entre enfants, l'adulte se contentant alors d'animer les échanges. Avec les plus grands, des groupes autonomes ou animés par un enfant pourraient être mis en place, pour la conception ou l'exécution d'un projet précis. Les interactions entre enfants ayant des compétences et des styles communicatifs différents peuvent créer une « pression communicative » (Wilkinson, 1982) qui incite les jeunes élèves à expérimenter des stratégies variées pour se faire comprendre et obtenir des autres qu'ils se fassent comprendre. L'intérêt de ces échanges pour la construction de nouvelles habiletés cognitives individuelles a été démontré par plusieurs travaux scientifiques dans des activités de résolution de problèmes, dans l'acquisition de connaissances en situation scolaire et dans le développement des compétences communicatives, ainsi que dans le cadre psychopédagogique (Simonpoli, 1991 a et b).

La diversification des objectifs, des thèmes et de la structure du groupe conversationnel suppose évidemment une **diversification des interventions de l'enseignante :**
– **diversifier le rôle de l'enseignant** : diriger le groupe ou l'animer ; se centrer sur le contenu ou sur la participation de chacun ; apporter les informations ou les faire apporter par les enfants ; vérifier les connaissances des élèves ou leur apprendre à argumenter et à prendre en compte le point de vue d'autrui ;
– **individualiser les échanges maître-élèves** : les objectifs précédents ne peuvent être véritablement mis en œuvre qu'à travers des échanges où les enfants qui ont besoin d'être sollicités le sont effectivement, ou chacun voit ce qu'il dit pris en compte fréquemment par le groupe et repris, corrigé ou complété par l'enseignant lorsque c'est avec lui que l'échange a lieu.

Nous avons pu observer, lors de nos nombreuses visites en maternelle, des exemples réussis d'une telle diversification des séances de travail, mais limités à un ou deux aspects de la conversation.

Une telle perspective, qui privilégie le fonctionnement psychologique de l'enfant au sein de la classe, nous paraît une condition d'égalisation des chances de réussite scolaire ultérieure, en évitant, dès le début des apprentissages, une démobilisation des enfants les moins préparés aux exigences scolaires. Ceci suppose de profonds aménagements des pratiques habituelles dans les conversations scolaires en maternelle, et un solide travail des enseignants, en intégrant en particulier les apports utiles de la psychologie de l'enfant et des techniques de communication ; on pourra ainsi plus facilement mettre l'accent, comme le suggère Legrand (1988), « sur le sujet apprenant, sur son développement personnel, la convivialité, l'autonomie personnelle... ».

CHAPITRE 5

Développer la maîtrise de l'oral, s'initier à l'écrit

Dans les chapitres précédents, nous avons tenté de faire le point sur des travaux de recherche susceptibles de guider ou d'éclairer les pratiques langagières à l'école maternelle. De ces travaux peuvent être dégagés quelques éléments – clés pouvant servir de fil conducteur pour les activités de langage à l'école maternelle.

Dans une seconde partie seront présentées quelques suggestions pour la création de situations de communication et de travail sur le langage ; il ne s'agit pas d'un répertoire d'activités – ils sont déjà nombreux en librairie et dans la littérature professionnelle à disposition des enseignants –. Ils nous paraissent surtout utiles pour lever l'anxiété d'enseignants débutants se demandant comment occuper les enfants chaque jour[1], ou pour stimuler l'imagination exceptionnellement défaillante de leurs collègues plus expérimentés ! Leur utilité de ce point de vue est incontestable ; mais ils présentent évidemment le risque, utilisés tels quels, de ressembler davantage à des recettes de cuisine pour collectivités qu'à l'élaboration de menus personnalisés et adaptés aux besoins et aux possibilités de ceux auxquels on les destine, et les enfants risquent d'y perdre l'appétit...de communication ! Tout le monde les utilise : ils dépannent... et on ne peut pas tous les jours tout réinventer.

Notre propos est différent : partir des éléments-clés qui ont été repérés, et proposer des situations de mise en application et d'exploitation dans la classe. Ces propositions doivent beaucoup à des enseignantes et des enseignants avec lesquels nous avons travaillé, et qui les ont, pour nombre d'entre elles, mises en œuvre ou adaptées. Nous examinerons successivement : la prise en charge du groupe en début d'année, en faisant une place à part aux tout-petits ; la mise en place de groupes conversationnels et leur progression ; le travail sur le langage oral ; l'initiation à l'écrit.

1 Quelques éléments-clés pour les activités de langage

1. La genèse des conduites langagières (voir chapitre 2)

■ La plupart des enfants manifestent très tôt un grand appétit de communication, préverbale puis verbale, et cet appétit a besoin d'être nourri.

■ C'est d'abord l'adulte qui fournit à l'enfant des cadres adaptés à l'émergence et au développement des compétences langagières.

■ De nombreux aspects des conduites langagières se développent sur le long terme, et il faut veiller à ce que les exigences scolaires n'anticipent pas trop sur des acquisitions non encore réalisées.

---

[1] C'est la question à laquelle on arrive toujours, après avoir discuté des grands principes, avec les étudiants en Institut Universitaire de Formation des Maîtres, comme c'était le cas avec leurs prédécesseurs dans les Écoles normales. Certains viennent la poser en aparté, la considérant probablement comme trop triviale pour la formuler devant le groupe en formation...

- Les différentes fonctions du langage nécessitent des situations de communication variées pour émerger.
- Bien des activités langagières ne prennent sens pour l'enfant que dans la mesure où elles lui permettent de comprendre le monde et de s'insérer dans sa culture.

2. La diversité interindividuelle et le rôle des partenaires dans les apprentissages langagiers (voir chapitre 3)

- Les enfants arrivent à l'école avec des compétences, des savoirs, des savoir-faire différents, résultats de leurs expériences, de leur histoire personnelle et sociale. Reconnaître ces différences, non pas uniquement en termes de manques ou d'insuffisances, mais aussi en termes d'acquis pour chacun d'eux, devrait servir de point de départ de l'action pédagogique et contribuer même à l'enrichir, ainsi qu'on le verra plus loin.
- Les enfants développent leurs compétences de communication dans des interactions avec des partenaires, à travers des actions réalisées en commun et signifiantes pour eux, spontanément ou parce qu'on les aide à en découvrir le sens.
- Les enfants qui arrivent en maternelle ont été plus ou moins préparés aux verbalisations sollicitées dans le cadre scolaire, mais l'école constitue pour eux un monde nouveau, dans lequel la communication est à construire avec des partenaires nouveaux, aux modes d'expression quelquefois inhabituels, dans des activités à découvrir, et il faut en tenir compte et accompagner ces inévitables difficultés d'adaptation.
- L'adulte constitue pour le tout-petit un partenaire privilégié ; aussi est-ce de l'enseignant qu'il va d'abord attendre le plus souvent les réponses à ses besoins, à ses demandes, déçu de devoir le partager avec autant d'élèves... L'enseignant, de par ses compétences d'adulte et de pédagogue, va aider l'enfant dans de multiples aspects de son développement, mais il doit aussi l'aider, si nécessaire, à établir ou maintenir avec ses pairs, et plus généralement avec les autres enfants de l'école, des terrains communs et des occasions de coopération.

3. Les pratiques du langage à l'école maternelle et la diversité (voir chapitre 4)

Il est clair qu'il est difficile, au sein d'une même activité, d'atteindre simultanément plusieurs objectifs et de prendre en compte en même temps les différents points rappelés ci-dessus. Aussi les enseignants doivent-ils admettre, quitte à se faire quelquefois violence, que tout ne peut pas être travaillé à la fois : ceci est la conséquence logique de la diversité des conduites langagières, de l'ampleur des connaissances à acquérir et des compétences à développer, ainsi que de l'hétérogénéité des savoirs et savoir-faire des enfants. Aussi est-il normal par exemple qu'une séance conversationnelle à laquelle tous les enfants de la classe participent activement puisse être perçue comme plus « pauvre » du point de vue des informations transmises qu'un échange soutenu avec quelques enfants racontant une histoire connue et aimée ; mais cette dernière ne permettra guère aux plus timides de se montrer des interlocuteurs actifs ; des moments consacrés à la vérification de connaissances lexicales ne susciteront que très secondairement une expression syntaxiquement complexe... C'est ce que montrent les observations des conversations scolaires. Mais le parallèle pourrait être fait avec bien d'autres activités : peut-on à la fois travailler la sûreté du trait, le choix des couleurs, le respect de la perspective et l'imagination créatrice ?

La seule voie qui permette de surmonter ces difficultés est celle de la diversité.

■ Tout d'abord la diversité des objectifs : acquérir des connaissances générales, apprendre la conduite de récit, certes ; mais aussi entraîner différents domaines de compétence langagière : prononciation, lexique, syntaxe ; apprendre à converser dans un groupe, à s'y exprimer, à confronter des points de vue avec autrui.

■ Ensuite la diversité des thèmes et à travers eux des fonctions du langage : acquérir la structure de récit, élaborer un projet commun, développer son imaginaire et celui du groupe, apprendre à participer à un débat et argumenter ses points de vue, créer des expériences de communication dans la classe...

■ Diversité également de la structure du groupe conversationnel, c'est-à-dire tout à la fois sa dimension, sa composition et son organisation interne, et notamment le réseau de communication. Le travail en grand groupe devrait être introduit progressivement en cours d'année. La progression vers le travail en grand groupe devrait être soigneusement graduée, notamment pour les enfants les plus jeunes et ceux dont les capacités langagières et sociales sont les plus limitées.

Par ailleurs, la communication devrait pouvoir s'établir non seulement entre l'enseignant et le groupe, comme c'est le cas classiquement, mais aussi entre enfants, l'adulte se contentant alors d'animer les échanges. Avec les plus grands, des groupes autonomes ou animés par un enfant pourraient être mis en place, pour la conception ou l'exécution d'un projet précis. L'intérêt des interactions entre enfants ayant des compétences et des styles communicatifs différents a été démontré dans des activités de résolution de problèmes, dans l'acquisition de connaissances en situation scolaire et dans le développement des compétences communicatives.

La diversification des objectifs, des thèmes et de la structure du groupe conversationnel suppose évidemment une diversification des interventions de l'enseignante :
– diversifier le rôle de l'enseignant : diriger le groupe ou l'animer ; se centrer sur le contenu ou sur la participation de chacun ; apporter les informations ou les faire apporter par les enfants ; vérifier les connaissances des élèves ou leur apprendre à argumenter et à prendre en compte le point de vue d'autrui ;
– individualiser les échanges maître-élèves, afin que les enfants qui ont besoin d'être sollicités le soient effectivement, afin que chacun puisse être entendu et reçoive une réponse à ses interventions.

4. Les orientations pour les activités de langage à l'école maternelle (voir chapitre 1)

Ces éléments théoriques ne sont pas contradictoires avec les principes qui peuvent être dégagés des orientations actuelles pour les activités de langage à l'école maternelle. Pour une part au moins, ils les sous-tendent :
– l'école maternelle a dans ses objectifs d'apprendre aux enfants à parler et à construire leur langage ;
– les activités doivent être conçues en privilégiant leur signification et le contexte dans lequel elles s'inscrivent ;

- elles doivent aussi permettre de réguler les relations sociales dans le groupe, de les expliciter, de les anticiper : elles doivent permettre d'apprendre à communiquer ;
- l'enseignant doit créer des occasions de lier l'expérience au langage ; c'est lui qui, par ses échanges avec l'enfant, lui permet de progresser dans la construction de son langage et d'en mettre en œuvre le fonctionnement ;
- l'école a un rôle irremplaçable d'initiation au monde et à la culture et le langage est un des instruments de cette initiation.

2 Propositions de mise en pratique

1. Quand peut-on travailler (sur) le langage ?

Comme le souligne fort justement le texte des orientations pour l'école maternelle, le travail sur le langage se développe dans deux types de situations : tout d'abord les multiples moments au cours desquels les enfants expérimentent et rendent compte de leurs expériences, y compris par le langage, moments qui ont leurs propres finalités en dehors des acquisitions langagières proprement dites ; un second type de situations dans lesquelles les acquisitions langagières constituent les matériaux sur lesquels porte l'activité, et qu'on désigne de différents termes : moments de langage, séances de langage, regroupements.

Ces moments de langage sont contestés par certaines enseignantes : elles considèrent que ces situations ne sont pas efficaces pour développer les compétences langagières des enfants, et qu'il est inévitable que ce soient toujours les mêmes élèves qui y participent activement et en tirent bénéfice, laissant les autres à l'écart. Ce point de vue reflète effectivement une certaine réalité, celle de la très grande difficulté à pouvoir gérer d'emblée efficacement une telle situation, tant pour l'enseignante que pour les élèves. Mais refuser de mettre en œuvre ce type de situation nous paraît erroné à plusieurs égards :
- Ce n'est pas en supprimant une situation de travail que l'on règle pour autant les problèmes qu'elle révèle. Sinon on pourrait faire passer à la trappe de nombreuses activités scolaires, dans les domaines mathé-

matiques ou autres... Or, en général, on s'attache plutôt, dans d'autres domaines, à planifier l'introduction des difficultés, à introduire des étapes intermédiaires qui permettent d'atteindre un certain niveau de maîtrise.

■ Il s'agit d'une situation typique d'enseignement que les élèves retrouveront tout au long de leur scolarité ; elle ne prend d'ailleurs pas place uniquement dans l'enseignement, mais aussi ultérieurement dans la vie professionnelle par exemple, et chacun peut remarquer la difficulté de participation de bon nombre d'adultes dans ce type de situation. Aussi doit-on apprendre aux enfants à y prendre leur place, autrement qu'en laissant jouer au sein du groupe une sorte de compétition dont on sait à peu près dès le départ qui sortira vainqueur et qui restera à l'écart, ceci bien souvent pour plusieurs années : les enfants qui se manifestent, dès 2 ans, comme grands parleurs en grand groupe dans la classe de petite section tendent à le rester les années suivantes, et les faibles parleurs dès 3 ans demeurent largement à l'écart dans le même temps[1] (Florin, 1991). Autant donc intervenir précocement.

■ Ces situations constituent des moments privilégiés pour apprendre aux enfants à se reconnaître comme membres d'un groupe, comme élèves au sein d'une classe, qui partagent des expériences, des savoirs et des projets communs. L'intégration sociale, dont on parle surtout lorsqu'elle est en échec, et pour des personnes plus âgées, passe aussi peut-être par cela, dans l'enfance.

Mais si elles constituent des moments de travail explicite sur le langage et sont d'ailleurs reconnues très tôt comme telles par les jeunes élèves (Florin, 1987), elles ne sauraient épuiser le travail pédagogique en la matière. Les autres activités sont également importantes et efficaces pour le développement langagier, en permettant de lier l'expérience et l'action au langage, même et peut-être surtout parce que le travail conversationnel et linguistique y est plus implicite.

---

[1] Cette stabilité des comportements participatifs a pu être mise en évidence d'un point de vue statistique sur une durée de quatre ans. Elle est particulièrement nette pour les enfants des deux groupes extrêmes – grands parleurs et faibles parleurs – et moins précise pour les moyens parleurs. Lorsqu'on est grand parleur au sein d'un groupe entre 2 et 3 ans, on tend à le rester ; en revanche, être faible parleur à cet âge-là n'est prédictif de rien et la probabilité de devenir grand, moyen ou faible parleur est à peu près équivalente. Mais dès l'année suivante, entre 3 et 4 ans, la probabilité est forte de rester grand parleur ou faible parleur lorsqu'on l'est déjà à cet âge.

Si, dans ce qui suit, nous nous basons surtout sur les situations de langage proprement dites, c'est davantage en raison du caractère explicite du travail qu'elles représentent que d'une priorité que nous leur accorderions du point de vue du développement des compétences. Les propositions ci-dessous peuvent d'ailleurs, pour partie d'entre elles, trouver des applications dans d'autres situations scolaires, au moins de manière ponctuelle. Certaines nécessitent même un travail spécifique hors situations de langage au sens traditionnel.

2. La prise en charge du groupe en début d'année

Pour une part, les difficultés sont les mêmes quelle que soit la classe ; pour une part, elles sont différentes parce que les âges et les enfants sont différents et une attention particulière doit être apportée aux tout-petits, c'est-à-dire à ceux qui sont scolarisés avant 3 ans.

L'enseignante est relativement seule avec sa classe, comme le souligne bien Nicole Pradel (1994) : alors qu'à la crèche le taux d'encadrement est de un adulte pour huit enfants, et qu'il est de un pour dix à la halte-garderie, à l'école maternelle l'adulte est seul pour répondre aux besoins affectifs et intellectuels de 25 à 30 enfants et quelquefois plus, lorsqu'on en inscrit davantage en comptant sur la régularité des épidémies de maladies infantiles pour alléger le travail ; mais les enfants se montrent généralement plus résistants qu'on l'avait imaginé ! Certes, l'enseignante peut bénéficier de l'aide à temps partiel de l'Agent Spécialisé d'École Maternelle (ASEM) mis à disposition de l'école par la commune, mais cette personne a le plus souvent un rôle limité à la préparation matérielle des activités et à la réponse aux besoins physiologiques des enfants (goûter, toilette, habillage).

Chez les tout-petits

Dans tous les cas il faut apprendre à se connaître, à créer des liens et commencer à construire une histoire en commun. Les difficultés sont particulièrement sensibles avec les tout-petits qui arrivent pour la première fois à l'école. Diverses solutions peuvent être trouvées en début d'année pour faciliter leur accueil : accueil échelonné préparé par des courtes visites de l'enfant à l'école ou des journées portes ouvertes dans les mois précédents ; accueil par demi-groupes les premiers jours, l'autre moitié de la classe étant confiée à l'ASEM ; présence des parents dans la classe, qui sont invités à participer aux activités et à se retirer petit à petit, quitte à pouvoir être rappelés en cas de pleurs inconsolables, etc. Bref, il s'agit d'aider l'enfant et sa famille à « couper le cordon » une deuxième fois, à accepter la séparation du milieu familial pour entrer dans le groupe.

Bien des institutrices s'occupant des tout-petits disent passer le premier trimestre à les « apprivoiser » avant de pouvoir « faire autre chose », comme si « faire autre chose » constituait le véritable travail de l'année. Alors on s'interroge sur ce que veut dire pour elles « apprivoiser » et on obtient les réponses suivantes : que les enfants acceptent de rester à l'école et trouvent des repères dans les lieux et le temps ; qu'ils apprennent à rester à la même place un court moment et à recevoir une réponse différée à leurs demandes ; qu'ils répondent, au moins de manière non verbale aux sollicitations de l'adulte ; qu'ils respectent les règles de vie de la classe ; qu'ils participent aux activités proposées... Est-ce tout ? serait-on tenté de demander... N'y a-t-il pas là de quoi occuper une année scolaire et se réjouir du travail effectué si tous ces objectifs sont atteints ? Peut-on raisonnablement exiger davantage d'enfants à peine sortis de leur vie de bébé ?

Les enfants de 2 ans ne sont pas des enfants de 3 ans, s'il faut le rappeler. L'école maternelle n'a pas été prévue pour eux, mais pour des enfants plus âgés : les attentes et les méthodes qui ont fait leurs preuves avec les petits de 3 ans ne peuvent être transférés telles quelles avec les tout-petits. Le travail avec eux est à repenser, sous peine qu'ils ne tirent guère bénéfice d'une scolarisation précoce. Cette réflexion avance dans la plupart des écoles maternelles, mais les modèles élaborés pour les enfants plus âgés restent prégnants dans l'esprit de nombreuses enseignantes, préoccupées de ne pas atteindre avec les tout-petits les objectifs qui leur étaient habituels avec des enfants de 3 ans.

Aussi les regroupements de tous les enfants de la classe pour des activités de langage ne peuvent-ils guère avoir d'objectifs précis pour eux concernant le développement du langage ; ils permettent surtout de trouver du plaisir à se serrer les uns contre les autres, à écouter la maîtresse raconter une histoire, à dénommer chacun et repérer les absents, à se sentir membres du groupe en chantant une chanson ou en récitant ensemble une comptine. C'est là un premier apprentissage d'une situation collective pour un travail de l'oral. L'essentiel du travail sur la communication et le langage relève d'autres situations, du moins pendant une grande partie de l'année.

Avec les autres niveaux d'âge

Les enfants de 3 à 4 ans ont pour partie d'entre eux une année d'histoire scolaire ; pour d'autres, l'école constitue un milieu entièrement nouveau, avec lequel ils doivent se familiariser, et ceci nécessite quelques aménagements, comme pour les tout-petits. Leurs capacités d'expression, leur possibilités d'attention sont supérieures à celles des enfants de 2 à 3 ans, et ils peuvent s'intégrer plus rapidement aux activités, en général.

La plupart des enfants des autres niveaux d'âge sont déjà familiarisés avec l'école et les enseignantes, hormis ceux qui arrivent à la suite d'un déménagement par exemple.

En début d'année, le regroupement de la classe pour des moments de langage doit surtout permettre à l'enseignante de repérer comment chacun se situe dans le grand groupe, s'il y participe régulièrement, épisodiquement ou s'il reste à l'écart. Ces regroupements permettent également d'apprécier les principales difficultés de la classe dans le domaine de la communication ou du langage et leur nature : respect des règles conversationnelles pour prendre la parole, difficultés à parler dans le thème proposé, approximations lexicales, apport limité d'informations, etc. Ils sont aussi l'occasion de repérer les savoirs partagés par les enfants, les thèmes qui suscitent leur intérêt et leur participation verbale.

Dans la suite de l'année, ils constitueront des moments de travail réguliers où les acquisitions réalisées en petit groupe pourront être consolidées dans des situations plus contraignantes pour l'accès à la parole.

Dans tous les cas, leur fonction pour la cohésion du groupe, telle que nous l'avons vue pour les tout-petits, doit être maintenue : le plaisir de se retrouver ensemble, simplement pour écouter une histoire que l'on aime, demeure bien au-delà de l'âge de 3 ans... Il est aussi des événements, importants pour la vie de la classe, ou plus ou moins graves et concernant un membre du groupe qui doivent être annoncés et discutés (au moins dans un premier temps) au sein de la classe tout entière : il en va ainsi d'un projet de voyage ou de fête pour la classe, mais aussi de la maladie, voire pire, d'un enfant du groupe.

3. La mise en place de groupes conversationnels

C'est en leur sein que va commencer le travail proprement dit des moments de langage. L'idéal est de pouvoir les constituer assez tôt dans l'année scolaire, dès que le groupe-classe est formé, ce qui prend plus ou moins de temps selon les classes et l'âge des enfants : le délai est généralement plus long avec les plus jeunes. C'est à partir des fonctionnements individuels pendant les moments de langage en grand groupe que les petits groupes conversationnels vont pouvoir être constitués : ceci suppose donc de se donner quelques semaines à partir de la rentrée pour permettre une relative adaptation de chacun.

L'expérience montre qu'il n'est guère réaliste de vouloir constituer plus de 3 petits groupes au sein d'une classe, soit 6 à 10 enfants par groupe selon les effectifs : grands, moyens et faibles parleurs. Un tel découpage est tout à fait satisfaisant avec les enfants à partir de 3 ans, mais des groupes à effectif encore plus réduit peuvent être très utiles avec les tout-petits lorsqu'on peut les mettre en place.

Comment constituer les groupes ?

La constitution des groupes conversationnels doit se fonder uniquement sur la quantité de participation verbale au grand groupe, les enfants étant classés en fonction de leur nombre de prises de parole, indépendamment de tout critère de « qualité » de l'expression, depuis l'enfant qui a parlé le plus jusqu'à ceux qui n'ont pas pris la parole : le premier tiers correspond au groupe des « grands parleurs », le second à celui des « moyens parleurs » et le troisième à celui des « faibles parleurs ». Ce travail nécessite une observation extérieure.

Comment procéder pour évaluer la participation verbale en grand groupe ? Il s'agit de compter le nombre de prises de paroles de chaque enfant au cours d'une séance. Deux solutions sont possibles :
– on dispose de la liste des enfants de la classe et on inscrit un trait en face du nom d'un enfant lorsqu'il prend la parole ; le total des traits en fin de séance correspond au nombre de ses prises de parole ;
– on peut préférer noter au fur et à mesure le prénom des enfants qui prennent la parole, mais on doit faire attention avant le relevé à identifier de manière distincte les enfants portant le même prénom ; en fin de

séance, on compte pour chaque élève le total de prises de paroles qui peuvent lui être attribuées ;
– une méthode encore plus sophistiquée consiste à enregistrer la séance (enregistrement audio ou vidéo), à la transcrire ultérieurement et à opérer le comptage des prises de paroles comme ci-dessus ; il s'agit d'un travail long, qui n'est pas nécessaire pour la constitution des groupes en tant que telle, mais qui peut se justifier dans une perspective d'exploitation de l'enregistrement avec les enfants ou d'un examen qualitatif de la part de l'enseignant, seul ou en concertation avec des membres du réseau d'aide.

L'expérience montre que la première solution est tout à fait satisfaisante, mais que la seconde est aussi utilisée, afin de noter quelques éléments qualitatifs remarquables et utiles pour repérer l'évolution des comportements enfantins au cours de l'année, lorsqu'on souhaite effectuer de nouvelles observations : prise de parole spontanée d'un enfant qui habituellement parle peu, prise de parole relativement longue ou complexe, introduction d'un nouveau thème, etc.

Plusieurs remarques s'imposent à propos de ce relevé :
– généralement les prises de parole des enfants sont assez brèves, et constituées d'un seul énoncé ; lorsqu'elles sont plus longues, il importe de le repérer par un signe de son choix, par exemple par le nombre d'énoncés ou un signe +, de manière à ne pas considérer comme équivalents un énoncé d'un seul mot et une prise de parole composée de 3 ou 4 énoncés ; on en tiendra compte dans le comptage final, notamment en cas d'hésitation pour l'affectation d'un enfant à un groupe conversationnel, lorsque sa production se trouve en quelque sorte intermédiaire entre celles de deux groupes ;
– il est normal que quelques prises de parole ne puissent pas être attribuées à leur auteur, quel que soit le mode de relevé utilisé ; il vaut mieux les laisser de côté plutôt que de les attribuer de manière erronée à un enfant ;
– un tel relevé peut être effectué sur une durée relativement brève, de l'ordre de 12 à 15 minutes, et donner une bonne représentation de la répartition de la parole entre enfants ; bien sûr, pour des séances plus longues, on peut choisir de faire le relevé sur la totalité de la conversation, car il est vrai que quelques enfants peuvent rester silencieux pen-

dant les 15 premières minutes et prendre un peu la parole ensuite, et on peut souhaiter recueillir ce type d'information pour d'autres raisons que la constitution des groupes : mais il s'agit surtout d'enfants faibles parleurs et le classement ne sera guère modifié par l'allongement de la durée du relevé.

Qui peut effectuer un tel relevé ? Il est clair que ce ne peut pas être l'enseignant qui anime le groupe. Il faut faire appel à une personne qui connaît les enfants pour pouvoir les identifier : ce peut être un membre du réseau d'aide, ou un(e) collègue de l'école et il suffit dans ce cas de se concerter pour que l'enseignant(e) observateur ne soit pas en charge de sa classe pendant ce court moment (opérer un léger décalage entre le début des récréations pour les deux classes, choisir le moment de la collation pour sa classe, etc.).

C'est à l'observateur de classer ensuite les enfants en fonction du nombre de prises de parole et de proposer leur répartition en trois groupes à l'enseignant. Celui-ci peut être surpris par le classement de quelques enfants, pour différentes raisons :
– premier type d'objection : l'observation de ce jour-là ne reflète pas le comportement habituel de l'enfant ;
– deuxième type d'objection : tel enfant est considéré comme grand parleur alors que ces interventions sont plus perturbatrices qu'informatives dans la conversation, ou à l'inverse un enfant qui s'exprime « bien » et « à propos » se retrouve seulement moyen ou faible parleur.

Une discussion doit donc s'engager : il ne s'agit pas de constituer des groupes de niveau, du type « bons », « moyens » ou « mauvais » parleurs, mais de créer des conditions conversationnelles favorables aux prises de parole de chacun ; il est difficile également pour l'enseignant d'évaluer les enfants sur un seul critère, et la représentation qu'il se fait de tel ou tel d'entre eux combine en quelque sorte plusieurs paramètres difficilement isolables. Il faut pouvoir identifier aussi clairement que possible les deux types d'objections (le deuxième pouvant se cacher sous la formulation du premier) et modifier le classement en fonction du premier, mais pas du second. Il est rare qu'on n'aboutisse pas à un accord en quelques minutes.

Où, quand et comment mettre en place les petits groupes ?

■ Où ? L'idéal est de pouvoir utiliser pour le petit groupe un lieu spécifique tel que coin-bibliothèque, petite pièce libre pendant que les autres enfants restent dans la classe ; l'important est que ce lieu reste autant que possible le même d'une séance à l'autre, afin que les enfants puissent l'identifier à l'activité. Mais si on ne peut faire autrement, on peut bien sûr rester dans la classe ; ceci implique alors que les autres enfants se trouvent dans un autre lieu à ce moment-là, afin de ne pas perturber l'activité.

■ Quand ? C'est affaire de concertation dans l'école, puisque les autres enfants de la classe doivent pouvoir être pris en charge par une autre personne pendant l'activité du petit groupe. Pouvoir offrir en moyenne une séance conversationnelle à chaque petit groupe tous les quinze jours semble être un objectif réaliste pour les enseignants qui travaillent ainsi depuis quelques années ; une telle régularité porte rapidement ses fruits.

■ Comment ? En réglant tout d'abord la prise en charge des autres enfants, soit dans la classe avec la présence de l'ASEM, soit en récréation, soit en les confiant à un(e) collègue de l'école pour une activité de psycho-motricité, d'écoute musicale, etc. Diverses solutions sont trouvées par les enseignants qui souhaitent travailler ainsi ; la prise en charge est bien sûr facilitée lorsqu'elle est réciproque, soit parce que toutes les classes utilisent cette méthode de travail, soit parce que la concertation fonctionne déjà pour d'autres activités impliquant diverses répartitions des élèves.

Il est important de souligner que le travail ne peut être vraiment efficace que s'il concerne les trois groupes : celui des grands parleurs est tout aussi important que celui des faibles parleurs sur lequel on a tendance à porter plus attention parce qu'on le juge a priori plus en difficulté. Mais comment ces derniers pourraient-ils facilement prendre la parole au sein du groupe-classe si les grands parleurs n'ont pas appris à réguler leurs interventions ?

Les groupes évoluent très rapidement, dès les premières séances, et les enseignants peuvent être tentés d'en modifier la composition, parce qu'ils se retrouvent par exemple avec deux groupes équivalents de grands parleurs au bout de quelques semaines, ou parce que dans le groupe de faibles parleurs se dégagent des enfants devenus très actifs, etc. Il peut y avoir plus d'inconvénients que d'avantages à cette modification, si elle intervient trop tôt : les acquisitions conversationnelles de plusieurs enfants, notamment chez les plus jeunes, risquent de ne pas être encore stabilisées et ils peuvent se retrouver en difficulté dans un groupe nouveau ; certains peuvent y perdre leurs repères, parce qu'ils s'appuient sur des camarades pour intervenir. Trois à quatre mois de fonctionnement sans modification de la composition semblent nécessaires pour éviter ce type de difficulté ; une autre composition peut alors être envisagée, si l'enseignant considère qu'elle aiderait davantage les enfants à progresser. Là encore une observation extérieure peut être utile, ou un auto-enregistrement qui peut être discuté avec les enfants.

Il peut être utile de prendre rapidement quelques notes sur chaque séance sous forme d'une fiche pré-imprimée : la date, le thème discuté, une appréciation succincte sur la participation de chacun, en quantité (forte, moyenne, faible ou nulle) et en « qualité » (éléments positifs et négatifs remarquables) ; l'impression d'ensemble (alerte, difficulté à rester dans le thème, non-maîtrise de certaines notions), etc. Ces fiches, conservées dans un classeur, peuvent aider l'enseignant à planifier les séances suivantes en fonction des besoins ou des difficultés qui se manifestent ; elles permettent aussi de se représenter plus précisément l'évolution de chaque enfant et le travail accompli par chacun, y compris l'adulte.

En fin de trimestre, un petit bilan peut être dressé des évolutions positives, des stabilités, voire des régressions éventuelles de chaque enfant selon les domaines : quantité et spontanéité des prises de parole, respect des règles conversationnelles, développement du lexique, à-propos des interventions, etc. Il faut pour cela considérer le comportement langagier des enfants lorsqu'ils sont en petit groupe, mais aussi à d'autres moments : moments de langage avec le grand groupe-classe, autres moments d'interaction verbale avec les adultes et les autres enfants. On peut ainsi mieux apprécier s'il y a nécessité de modifier la composition des groupes ; ces bilans peuvent être utiles pour définir des objectifs pour les mois suivants, ils peuvent aussi servir de base de discussion avec les autres collègues (par exemple lors du changement d'année scolaire, pour suivre les parcours de chacun, mais pas seulement) et avec les membres du réseau.

4. Le travail sur le langage oral

Par quoi commencer ?

Ce travail est celui de la diversité, comme nous l'avons souligné dans le point 1. ci-dessus. Par quoi commencer ? Par ce qui paraît le plus urgent, selon les groupes, en choisissant des thèmes conversationnels attractifs pour les enfants, et considérés comme faciles pour le groupe considéré.

Mais avant toute chose, il faut expliquer aux élèves à quoi servent ces petits groupes : à pouvoir parler ensemble plus facilement parce qu'on est moins nombreux. Il faut dire qu'on se retrouvera ainsi régulièrement, dans un endroit précis, pour que chacun puisse dire ce qu'il souhaite dire aux autres, pour que la maîtresse puisse mieux les écouter que lorsqu'ils sont tous réunis, pour discuter d'un thème particulier (préparer une fête, imaginer un spectacle...), pour apprendre à parler ensemble, etc., ou toute autre explication qui paraît pertinente selon le contexte et les enfants.

Selon les cas, on va d'abord expliciter les règles conversationnelles (notamment avec les grands parleurs), proposer des jeux de dénomination d'objets familiers avec les tout-petits, annoncer une nouvelle importante avec tout le suspens qui convient pour d'autres...

On présente ci-dessous quelques aspects du travail sur le langage oral qui paraissent essentiels d'après les éléments-clés dégagés dans le point 1. ci-dessus.

L'apprentissage des règles conversationnelles

C'est le point de départ du travail en petit groupe : apprendre à écouter les autres et à prendre la parole. Ceci doit être précisé dès le départ avec les grands et les moyens parleurs, et devient rapidement nécessaire avec les faibles parleurs. Il suffit pour cela que l'enseignante explicite les points suivants :

– demander la parole (éventuellement on lève le doigt, pour les plus grands, ou ceux pour lesquels cela paraît possible), lorsqu'on souhaite dire quelque chose ;
– ne pas répondre à la place d'un autre enfant ;
– attendre que l'autre ait fini de parler pour dire ce que l'on a à dire.

Ceci prend quelques minutes au début de la séance, et peut être explicité avec l'aide des enfants, comme dans l'exemple ci-dessous :

■ **Apprendre les règles conversationnelles (classe de moyens ; grands parleurs ; 1re séance en petit groupe)**

M - classe	Alors comment on fait pour respecter le tour de parole ? comment ça se passe ?
J. Do - M	bien !
M - J. Do	hum ! (ton *dubitatif*)
J. Do - M	ça se passe pas bien.
M - J. Do	ça se passe pas bien.
M - classe	alors pour que ça se passe bien, comment on fait ?
Mar - M	on est très poli
M - Mar	oui bien sûr...
	oui ça c'est... on est toujours très poli en principe, hein.
Mar - M	oui
M - classe	mais comment on... pour respecter le tour de parole, comment ça se passe ?
Mar - M	ça se passe bien
M - Mar	mais comment on fait ?
Mar - M	ben on...
M - classe	qu'est-ce que ça veut dire ?
Mar - M	on parle pas
Fab - M	ça veut dire qu'on attend que les autres ont fini de parler
M - Fab	voilà !
M - classe	on attend que chacun ait bien fini de raconter ce qu'il a à dire, hein ?
Fab - M	ouais.

A. Florin, *Pratiques du langage à l'école maternelle et prédiction de la réussite scolaire*, Paris, PUF, 1991, p. 147.

Bien sûr la consigne devra être rappelée dès qu'elle ne sera plus respectée, et l'enseignante doit être elle-même attentive à ne pas accepter sans remarque une intervention qui violerait les règles explicitées. Elle sera d'ailleurs souvent aidée par les enfants, soucieux de faire respecter leur propre tour de parole, et qui le manifesteront spontanément.

Avec les plus jeunes ou ceux qui parlent moins, parler brièvement de l'écoute réciproque dès le début des séances est une manière de dire aux enfants qu'ils seront écoutés ; ceci est d'autant plus important pour eux qu'ils ont eu des difficultés à se faire entendre dans le grand groupe lorsqu'ils se sont risqués à prendre la parole. Il deviendra nécessaire, au bout de quelques séances de familiarisation et d'observation réciproque, pour les faibles parleurs comme pour les autres, d'indiquer et de rappeler qu'on ne se coupe pas la parole. Avec les tout-petits, qui ont des difficultés à différer leurs prises de parole et à maintenir en mémoire ce qu'ils veulent dire, il faut bien sûr être souple et ne pas exiger plus qu'ils ne peuvent faire ; l'important est de permettre à chacun de s'exprimer au cours de la séance, quitte à lui donner la parole lorsqu'il a des difficultés à la prendre.

Avec tous les enfants, cet apprentissage facilite l'écoute réciproque et le travail de l'enseignant, et la compétition pour l'accès à la parole laisse davantage la place à la convivialité ; il devient plus facile pour l'adulte de dialoguer avec les enfants, c'est-à-dire d'avoir avec eux des échanges de plus d'un ou deux tours de parole, et de répondre à leurs interventions ; il est également plus facile d'encourager les discussions entre enfants sur le thème de la séance, l'enseignant animant la discussion plutôt que de la diriger.

Avec les plus grands, une fois ces règles acquises et à peu près respectées, il est possible de travailler régulièrement la conduite de réunion, en confiant à l'un d'entre eux, pendant un court moment, pour un objectif précis et bien connu, l'animation de la discussion et le soin de répartir les tours de parole. Ce travail, d'abord effectué en petit groupe, peut ensuite être repris dans le grand groupe-classe. En voici un exemple :

■ Animation de la conversation par un enfant (classe de moyens-grands en ZEP ; séance en grand groupe)

M - classe	moi j'ai envie de me reposer, tiens
	c'est pas moi qui me mets ici
	qui est-ce qui veut prendre ma place ?
Plusieurs	moi ! moi !
M - Pie	Pie, tu veux essayer ?
Pie - M	oui *(Pie et M échangent leur place)*
M - Pie	bon alors Pie, de quoi allons-nous parler maintenant ?
Pie - M	de la Pentecôte, de ce qu'on a fait
M - Pie	bon
	(silence)
Pie - M	Maîtresse !
M - Pie	alors moi à la Pentecôte je suis allée voir mon papa et ma Maman, j'ai bien mangé chez eux et puis je me suis reposée... et puis après je suis rentrée chez moi avec mon petit garçon... voilà
Lud - M	comment il s'appelle ?
M - Lud	il s'appelle Maxime
Pie - Sam	alors Sam ? *(Sam lève le doigt)*
Sam - Pie	eh ben moi on a été se promener avec des copains à moi
Pie - Mag	Mag ? *(Mag lève le doigt)*
Mag	eh ben moi j'ai allé manger dans un restaurant... et y avait des crêpes... et au dessert j'ai mangé des glaces
M - Pie	Pie, excuse-moi de t'interrompre
	s'il y a des choses que tu veux connaître, tu peux poser des questions
Sop	ben moi quand c'était la Pentecôte, j'ai été dehors pi j'ai joué
Pie - Sop	t'as fait quoi ?
Sop - Pie	j'ai été derrière, derrière chez moi
	j'ai joué à la balançoire et puis j'ai joué avec Emi
Gwe	moi à la Pentecôte j'ai rien fait du tout, je suis restée à la maison et j'ai fait une petite sieste
Jér - Gwe	on n'a pas le droit de parler quand les copains parlent
	(Gwe a coupé la parole à Sop)
Fab - M	moi je suis allée me promener avec ma maman
Pie - Fab	c'est pas à la maîtresse que tu dois le dire, c'est à tout le monde

Ele	le jour de la Pentecôte, on a fait une très grande fête qui a duré toute la nuit... moi je suis allée me coucher très tard, elle était pas finie, mais elle était presque finie... j'ai rencontré une petite fille et on a joué... la maman de la petite fille, elle dansait... elle dansait dehors... presque toute la nuit elle a dansé... et puis nous on jouait... et on dansait...
Pie - Emi	Emi ? *(Emi lève le doigt)*
Emi	moi pendant la Pentecôte j'ai été aux boules avec mon père et puis y avait Steve aussi et on jouait au toboggan... et puis mon frère et ma sœur et puis moi on s'amusait à écrire des lettres d'amour... *(rires)*
M - Emi	comment c'est, des lettres d'amour ? *(M lève le doigt)*
Emi - M	je m'en rappelle plus...
Chr	on met un cœur dessus... on l'écrit... on met ça dans une boite... euh une lettre, une enveloppe...
Emi	et on écrit : je t'aime de tout mon cœur
Pie - Emi	qu'est-ce qu'on écrit ?
Emi - Pie	on écrit : mon amour je t'aime... je t'aime et je t'embrasse pour toujours
Ste	je t'aime très fort... je t'oublierai jamais
M - classe	certaines personnes n'ont rien dit... moi je suis sûre qu'elles savent ce qu'on écrit dans une lettre d'amour
Plusieurs	Maîtresse !
M	chut, c'est Pie qui donne la parole !
(Pie interroge plusieurs enfants ; certains répondent, d'autres non)	
M - classe	moi j'écrirais plein de choses... je t'aime parce que tu as des yeux magnifiques... tes dents sont comme des petites perles... *(silence)* eh bien pendant la récréation vous allez réfléchir à ce que vous pourriez écrire dans une lettre d'amour et puis on en reparlera après.

Pie anime le groupe pour la première fois, et avec quelques difficultés, mais pour la plupart d'entre eux, les enfants respectent les règles de prise de parole, et arrivent à s'exprimer, quelquefois assez longuement. L'enseignante intervient en respectant elle aussi les règles de prise de parole et aide au développement d'un nouveau thème ; elle limite son rôle à soutenir l'enfant « animateur », à lui faire prendre en compte les informations qu'il n'a pas perçues, à rappeler les règles conversationnelles lorsqu'il risque d'être « débordé ». Les enfants comprennent ainsi autrement les difficultés de la conversation en groupe, et y gagnent une maîtrise de leur propre participation, outre le plaisir et l'importance à prendre un peu la place de l'adulte dans le groupe. C'est également une manière intéressante de travailler l'alternance des rôles, et la diversité des situations conversationnelles, tout en diversifiant le rôle de l'enseignante (voir chap. 4).

Aider l'enfant à s'engager dans la communication, même non verbale

Tout d'abord il faut souligner les réticences de certaines enseignantes à réunir dans un même groupe conversationnel des enfants qui ne parlent pas ou très peu : « ils ne vont rien dire ! », « ça va tourner court tout de suite ! », « dois-je poursuivre la séance s'ils ne parlent pas ? » sont des craintes souvent exprimées. Certes la première séance, pour des enfants faibles parleurs, commence souvent doucement : les enfants sont quasi silencieux, s'observent, prennent leurs marques. Mais au bout d'une ou deux minutes au plus, une réelle participation s'instaure, avec des prises de parole souvent brèves, mais qui surprennent les enfants eux-mêmes, si peu habitués à s'entendre parler en groupe, et l'enseignante oublie rapidement ses craintes d'avoir face à elle un groupe muet.

Bien sûr, il est important de choisir pour la première séance avec des faibles parleurs, et ce d'autant plus s'il s'agit de très jeunes enfants, un thème familier et attractif, afin de faciliter les premières prises de parole. Mais il arrive que certains enfants restent silencieux, malgré des invitations à parler. Plutôt que de renouveler ces invitations, ce qui risquerait d'avoir des effets inverses de ceux attendus, il est plus efficace de signifier à l'enfant silencieux mais souvent très attentif qu'il fait bien partie du groupe, de considérer ses réactions non verbales comme des participations effectives à la communication. On peut pour cela s'inspirer des modes d'engagements utilisés par les mères dans leurs échanges avec leurs jeunes enfants (voir chap. 3), lorsqu'elles admettent un regard, un geste comme s'il s'agissait d'une réponse verbale et qu'elles y répondent positivement : « oui, c'est ça ! », « oui, c'est bien ! ».

Plutôt que de vouloir absolument solliciter une expression verbale, l'important, à ce niveau du travail, est beaucoup plus de permettre à l'enfant silencieux de participer, avec les moyens qui sont les siens, à la communication avec le groupe et de lui montrer qu'il est ainsi présent et accepté, dans les conversations en petit groupe comme dans les autres activités. Cet ancrage de la participation dans la communication non verbale est pour certains le socle nécessaire dans le domaine scolaire, comme il l'est pour tous dans les premières années de la vie : il faut donc repartir de là, si nécessaire ; on peut utiliser pour cela également des imagiers – matériel pédagogique souvent décrié –, qui ont l'avantage de permettre des jeux de dénomination ou de pointage vers l'objet désigné, c'est-à-dire des expressions à la fois verbales et non verbales de la référence. Ils peuvent constituer des supports utiles à ces premiers échanges avec des enfants silencieux.

Un autre support utile dans les premières étapes du travail, et souvent bien au-delà, est celui des photos d'activités de la classe : il s'agit, à l'occasion d'une sortie, d'une activité particulière, de prendre des photos des enfants (de tous les enfants) de la classe ; réunies dans un album, elles serviront de trace de l'histoire de la classe, et chaque enfant peut s'y retrouver, comme membre de ce groupe. Ce matériau, outre la valeur affective qu'il représente, à l'avantage de donner des repères aux enfants, et de les mettre au cœur des échanges de la classe lorsqu'il est utilisé comme support de séance conversationnelle ; il facilite également l'expression et la reconstitution du schéma narratif. Sa réalisation sous forme d'album permet aussi un travail intéressant sur l'écrit (écriture des prénoms, légendes, etc.).

Quel que soit le support, il importe de donner aux enfants la possibilité de participer aux échanges, que ce soit verbalement ou non, et d'être considéré comme contribuant à l'activité du groupe et à son histoire. Cette reconnaissance comme interlocuteur actif ouvre à l'expression verbale.

Inviter les enfants à participer aux échanges conversationnels suppose aussi qu'à certains moments au moins, notamment lorsqu'il s'agit de présenter ses expériences personnelles, l'enseignant accepte d'être un partenaire de la conversation qui se développe et pas seulement l'animateur du travail et le vérificateur des connaissances : les enfants sont ainsi extrêmement surpris d'apprendre que la maîtresse ne vit pas que dans l'école, qu'elle a une famille, des loisirs, bref, qu'elle est aussi une personne. Ceci n'a rien d'anecdotique, et stimule la participation de certains enfants qui ont besoin de considérer l'enseignant non seulement comme le grand organisateur des activités, mais aussi comme un partenaire qui aide et participe à la mise en commun des expériences.

Ce sont là quelques exemples pour faciliter l'entrée dans la communication scolaire, puis dans la verbalisation en tant que telle.

Alléger la charge de travail

Il arrive souvent que des enfants faibles parleurs aient des difficultés, lorsqu'on leur donne la parole, à prononcer plus d'un ou deux mots, à se faire entendre des autres enfants, et à répondre de manière contingente. Il est alors nécessaire de leur fournir des situations dans lesquelles la charge cognitive et émotionnelle est allégée, de leur donner en quelque sorte des éléments comportementaux qui vont leur permettre de concentrer leur énergie sur ceux qui restent à mettre en œuvre.

L'exercice théâtral peut représenter ce genre de solution : on propose aux enfants, pour chaque petit groupe, de jouer de très courtes scènes (deux ou trois minutes) dont ils conçoivent les dialogues. Une même scène peut inclure deux personnages, chacun étant interprété par plusieurs enfants à l'unisson. Ces dialogues doivent rester très simples, pour être facilement et rapidement mémorisés. Ils peuvent évoluer en cours d'activité si les enfants le souhaitent, pour faciliter la prononciation par exemple. Chaque petit groupe met en scène, avec l'aide de l'adulte, la (ou les) scène(s) qu'il a élaborée(s), et peut jouer ultérieurement devant le reste de la classe. L'essentiel du travail porte sur le placement de la voix, la possibilité de se faire entendre des autres ; le texte étant donné, les enfants peuvent plus facilement se mobiliser sur cet objectif et on voit rapidement des élèves à la voix quasi inaudible, devenir un personnage parlant fort et impressionnant son auditoire :

■ Utilisation de l'exercice théâtral (classe de moyens ; groupe des faibles parleurs)

Les enfants sont debout au milieu d'une salle et une nouvelle répétition commence : il y a deux « lecteurs » ou « récitants », trois « chats » et une « mère ».

M - groupe	Venez un peu par ici
	y a les chats... *(les enfants se mettent en place)*
Far	moi je suis la mère
Dom	moi je suis un chat
M - chats	les petits chats, approchez, les petits chats
	vous êtes les chats, vous ?
Far	je suis la mère
M - Far	toi qu'est-ce que tu es ?
Far - M	je suis la maman
M - lecteurs	et vous qu'est-ce que vous êtes ?
Lect. - M	on est les lecteurs
M - Ale	Ale, tu es quoi ?
Ale - M	un lecteur
M - Far	et toi ?
Far - M	tu es sûr ?
Far - M	ouais
M - Far	ouais
M - groupe	bon je m'souviens plus
	ben vous y allez
	ça démarre
	qui est-ce qui commençait ?
Ale - M	c'est les lecteurs
M - Lect.	bon, c'est les lecteurs
	allez-y, messieurs
M - Ale	Ale, occupe-toi avec Syl, hein *(Ale regarde un autre enfant)*
Lecteurs	trois ti minous, ti minous *(à voix basse)*
M - Lect.	un peu plus fort
Lecteurs	trois ti minous, ti minous qui avaient...
	(M leur coupe la parole)
M - Lect.	vous essayez de recommencer un peu plus fort
Lecteurs	... perdu leurs mitaines s'en vont trouver leur mère
M - Chats	essayez d'aller trouver votre mère *(les chats se déplacent)*
Chats	Maman, nous... *(peu de synchronisation)*
M - Gor	vas-y, Gor !
M - Chats	oh mais tous les trois ensemble
Chats	Maman, nous avons perdu nos mitaines
M - Maman	à toi, la Maman !
Maman	perdu vos mitaines ? *(d'un air très sévère,*
	méchants petits minous ! *et en agitant l'index)*
M - Maman	regarde-les !
Maman	vous aurez pas de crème au chocolat !

M - Chats	vous repartez, hein, mais tristes, tristes !
M - Lect.	à vous, les lecteurs
Lecteurs	trois ti minous, ti minous
	trois ti minous, ti minous...
M - Lect.	plus fort !
	approchez un petit peu
Lecteurs	... qui avaient retrouvé leurs mitaines
M - Chats	venez avec vos petites mitaines
M + Lect	... qui avaient retrouvé leurs mitaines s'en vont trouver leur mère
M - Chats	attendez... (ils avancent en levant leurs mains et en les agitant)
	il faut que...
M - Maman	tu les accueilles, toi !
M - Chats	allez-y
Chats	Maman, nous avons retrouvé nos mitaines
M - Maman	tu es contente ! (ça ne se voit pas beaucoup)
	regarde-les !
Maman	retrouvé vos mitaines ?
	gentils petits minous !
M - Maman	tu peux les caresser !
Maman	vous aurez plein de crème au chocolat
	(caresse la joue des chats)
M - Maman	recommence !
	fais-leur voir
Maman	vous aurez... (dessine un grand cercle avec les bras)
M - Chats	regardez !
Maman	... plein de crème au chocolat
M - groupe	d'accord !
	on recommence un petit peu
Tous	oui ! oui !
M - groupe	oui, un petit peu...
	mais il faut parler plus...
	vous voulez recommencer, les petits chats ?
	on ne vous entend pas assez !

La répétition se poursuit, et la scène est reprise d'un trait, à la satisfaction générale.

Des situations comme celle-ci, qui paraissent relativement contraignantes au premier abord – dire un texte fixé, parler à plusieurs d'une même voix – s'avèrent libératrices de l'expression orale dans et devant un groupe ; le plaisir qu'en tirent des enfants peu à l'aise au départ pour s'exprimer en situation collective, la maîtrise qu'ils y gagnent permettent de travailler ensuite d'autres aspects du langage oral.

Le lexique et la catégorisation

Beaucoup d'enseignants déplorent le manque de vocabulaire d'une partie des enfants : « machin » et « truc » servant de termes génériques pour de nombreuses catégories d'objets qu'on ne sait pas dénommer, même parmi ceux qui paraissent familiers ; ils déplorent aussi le flou des catégories et des items lexicaux interchangeables : « lavabo » pour « évier » ou l'inverse, « peigne » interchangeable avec « brosse », lorsque les grenouilles ne deviennent pas les lapins de l'histoire, rendue alors incompréhensible. Le travail d'un trimestre sur le thème de la mer et des poissons peut ne déboucher que sur l'incapacité de nombreux élèves à dénommer la moindre variété d'animal marin, et l'explication de la consommation exclusive du poisson sous la forme de parallélépipède pané, anonyme et surgelé ne console pas de tant d'efforts.

Comment, en milieu scolaire, sensibiliser les enfants à un lexique relativement vaste et développer simultanément une connaissance réelle d'un vocabulaire forcément plus limité en taille ? Il n'existe pas de réponse nette et sûre à cette question ; toutefois les recherches actuelles sur le développement lexical chez les jeunes enfants (voir chap. 2) montre l'intérêt des activités de comparaison d'objets, basées sur leurs similitudes et leurs contrastes fonctionnels et perceptifs. Ces activités correspondent aux stratégies utilisées spontanément par les enfants apprenant des mots nouveaux. On peut s'en inspirer pour des jeux sur le thème « pareil – pas pareil » mobilisant les aspects perceptifs, puis fonctionnels des objets :
– comparer, les yeux ouverts, puis les yeux bandés, par exemple la texture du bois brut, du bois poli, de plusieurs tissus, du liège, du plastique et du cuir : qu'est-ce qui est un peu pareil ou pas du tout pareil ? connaît-on le nom d'objets correspondant à ces différentes matières ?
– peut-on reconnaître différents fruits à leur consistance et à leur goût ? quels sont ceux qui se ressemblent le plus ? le moins ? en quoi les légumes et les fruits sont un peu pareils et pas du tout pareils ?
– qu'est-ce qui est sucré, acide, amer (premières saveurs discriminées par le nourrisson) et pourquoi pas aigre, âpre, fade ?

– peut-on reconnaître et différencier l'odeur de l'herbe fraîche, de la paille, des fleurs, du poivre, de la vanille ? d'où viennent-ils ? à quoi servent-ils ?
– est-ce qu'une armoire, un buffet, un placard, une étagère, etc. peuvent servir à la même chose ? où en voit-on ? que range-t-on dedans ?

On peut inventer des jeux de cartes en prenant comme effigies des photos découpées dans des catalogues de vente par correspondance, pour jouer avec les propriétés fonctionnelles des objets.

Avec les tout-petits, on peut aussi utiliser le sac au trésor dans lequel l'enseignante a dissimulé un certain nombre d'objets familiers ; chaque enfant plonge la main dans le sac (il doit être grand et bien opaque), attrape un objet qu'il ne peut voir et doit le dénommer, puis le sortir : est-ce bien l'objet qu'on attendait ? Avec les plus grands, le jeu de devinette est aussi un bon moyen de travailler ces aspects du lexique : le groupe doit deviner le mot que deux ou trois enfants ont choisi ensemble en secret. On peut aussi jouer à deviner le sens d'un mot inconnu à partir de son contexte.

Les jeux de communication référentielle (type jeu de « qui est-ce ? ») sont également des outils intéressants en petit groupe ou en dyade : les deux sous-groupes ou les deux enfants de la dyade sont assis à une table et séparés par un écran ; ils ont sous les yeux les mêmes éléments en commun, différant selon plusieurs dimensions (par exemple des dessins de maisons différenciées par le nombre de fenêtres, la couleur des volets, la forme de la porte, et la hauteur du toit) ; les uns doivent deviner l'élément choisi en secret par les autres, en posant des questions sur la présence des dimensions ou attributs, questions auxquelles il leur est répondu seulement par « oui » ou « non ». Plus les enfants sont grands, plus on peut multiplier le nombre de dimensions et de leurs modalités (1, 2, 3 4 couleurs, ou formes, etc.), et introduire la règle selon laquelle il faut poser le minimum de questions pour arriver à la solution.

Les moments de psychomotricité sont eux aussi propices à des comparaisons, discriminations et catégorisations d'actions, comme les activités de graphisme selon les différents résultats que l'on veut obtenir avec un même outil. Il en est de même de bien d'autres activités que les séances conversationnelles, dès lors que l'on veille à ce que tous les enfants puissent participer aux découvertes, sensations et verbalisations.

Un minimum de langage commun

Les difficultés de verbalisation exprimées par les enseignants ne se limitent pas au lexique, mais concernent aussi l'utilisation des fonctions du langage, la syntaxe, la prononciation. Ces difficultés sont plus ou moins importantes selon les classes, selon l'histoire des enfants. Il importe bien sûr de les reconnaître, puis d'instaurer au cours des premières semaines de l'année un « langage commun minimum » auquel on est particulièrement attentif. Les exigences ne doivent pas être démesurées par rapport aux possibilités des enfants, mais toujours clairement explicitées.

L'expression des demandes, quel que soit leur destinataire dans l'école, doit se plier à certaines règles, d'expression verbale et non de cris ou d'onomatopées, à des règles de politesse... Certains mots, peut-être utilisés fréquemment en dehors de l'école, n'ont pas leur place dans la classe.

De même, on peut être vigilant sur certaines formulations syntaxiques de base, selon l'âge des enfants : pour les déclaratives, les interrogatives, l'expression du passé et du futur par exemple. La délimitation d'un lexique commun, pour les termes utilisés fréquemment dans la vie quotidienne de la classe, est également possible.

Pour ces aspects du langage oral, diverses situations de travail sont possibles : le jeu du téléphone peut constituer une aide pour apprendre certains éléments de ce code commun ; on peut aussi confier à chaque enfant le rôle de messager, pour une autre partie de la classe ou pour une autre classe, en instaurant la nécessité de transmettre ou d'aller chercher certains messages quotidiennement (la température du jour, le menu de la cantine, les visiteurs prévus, etc.) ; un petit groupe d'enfants peut aussi aller régulièrement présenter des informations à d'autres enfants : raconter une histoire à partir d'un livre-support connu, présenter un jeu que l'on vient de découvrir ou d'inventer. L'important est que les enfants qui viennent faire ces présentations à d'autres soient de véritables détenteurs d'informations que leurs auditeurs n'ont pas. Ils seront ainsi davantage stimulés pour s'exprimer de manière compréhensible pour les autres enfants, et plus attentifs à l'utilisation de ce « langage commun minimum ».

5. L'initiation à l'écrit

Le traitement de l'écrit correspond à un niveau d'exigence et d'abstraction plus élevé que l'oral, et nécessite des manipulations de niveau métalinguistiques, en même temps qu'il les favorise (voir chap. 2). L'émergence de telles capacités métalinguistiques coïncide avec la fin du cycle 1 et le début du cycle 2. Mais bien entendu une initiation et une préparation à ces manipulations ont tout à fait leur place dans le cycle 1. Plusieurs aspects peuvent être travaillés, notamment en petit groupe conversationnel : la familiarisation avec les écrits et la culture écrite, la participation à la production collective d'écrits, la maîtrise métaphonologique, la maîtrise des gestes et des outils nécessaires à l'écriture.

La familiarisation avec les écrits et la culture écrite

Se familiariser avec les écrits, c'est d'abord comprendre ceux de l'école qui ont une fonction pour l'enfant : les prénoms, éventuellement associés à un dessin pour les tout-petits, qui marquent ce qui lui appartient ; le menu de la cantine, des éléments du calendrier, les recettes réalisées en classe, les noms affichés sur des objets usuels, etc. C'est aussi retrouver d'autres écrits de la vie quotidienne : ceux de la publicité et des emballages, les enseignes de magasins, les marques inscrites sur les voitures, les titres de journaux, de magazines ou de catalogues. A quoi correspondent ces écrits ? que signifient-ils ? en quoi se ressemblent-ils ?

En quoi les supports d'écrits sont-ils différents : emballages, affiches, enseignes et panneaux de signalisation, journaux, livres ? Quels liens peut-on faire entre images, dessins et écrits ? Comparer des mises en page et des éléments de typographie, retrouver des indices linguistiques (lettres, groupes de lettres, mots) en comparant différents titres, éventuellement dans des typographies différentes, etc.

La familiarisation avec la culture écrite passe par l'explicitation, l'analyse de ces écrits quotidiens et la recherche du sens. Elle passe aussi, bien sûr, par l'univers des albums, des livres pour enfants et aussi pour les adultes (ils ne se ressemblent pas) : ce sont des objets à manipuler (dans quel sens ?), à sentir, à regarder ; comment l'écrit que l'on peut suivre du doigt correspond-il à la lecture à haute voix, les pauses aux changements de page ? comment sait-on qu'on est au début ou à la fin du livre ?

On peut aller faire ces premières découvertes en petit groupe dans le coin-lecture ou la bibliothèque de l'école, choisir un livre et le donner à lire ou à relire à l'adulte, l'échanger avec celui d'un autre enfant, le ranger, et ceci aussi régulièrement que possible et avec un certain rituel qui aide à rendre l'objet-livre familier. Il faut aussi pouvoir emprunter un livre et l'emporter chez soi pour quelques jours, même si l'enseignant n'est pas toujours sûr que l'enfant trouvera chez lui un partenaire pour lire le livre avec lui. Il est important de s'en assurer lorsque le livre revient, quitte à choisir ce livre-là comme support prochain d'une activité de lecture en classe, juste pour le plaisir de la lecture, sans demander ensuite aux enfants de « raconter eux-mêmes l'histoire ». Le plaisir de la lecture et de l'histoire racontée ne doit pas être confondu avec le nécessaire travail de questionnement et de reconstitution du schéma narratif, sous peine de transformer la lecture en exercice.

Dans cette sensibilisation à la culture écrite des livres, la diversité est aussi importante et doit être introduite et encouragée par l'enseignante : histoires fantastiques et réalistes, textes de différents continents, poésies, comptines... Trouve-t-on des points communs, des personnages ou des aventures qui se ressemblent ? Peut-on repérer des types de textes différents ?

Des textes courts pourront être appris et rester en mémoire, permettant aussi de jouer avec les mots et les sonorités et d'explorer pour soi les ressources de la langue.

La lecture d'un livre, c'est aussi la rencontre avec l'univers d'un auteur : qui est-il ? comment vit-il ? est-ce que ses personnages sont vrais ? que faisait-il quand il était un enfant ? peut-on rencontrer un auteur et lui parler ? de telles rencontres, lorsqu'il est possible de les organiser, sont des moments forts pour les jeunes enfants, dans les rapports qu'ils construisent avec les livres.

La participation à la production collective d'écrits

Les occasions de produire des textes sont multiples dans la vie de la classe : envoyer une invitation aux parents ou une lettre à une autre classe, fixer le calendrier hebdomadaire des activités et des services assurés par les enfants, transcrire le commentaire des enfants sur leur dessin, garder la trace écrite du poème ou de l'histoire construit(e) ensemble, etc.

Dans ces multiples occasions, l'enfant va prendre conscience progressivement, avec l'aide de l'adulte, de la spécificité du texte écrit par rapport à la formulation orale spontanée ; il va observer le lien entre le débit à l'oral et le rythme de transcription de l'adulte-secrétaire, entre la parole et le geste graphique. Il va être amené à reformuler ses énoncés pour permettre leur transcription écrite, et à considérer que sa production orale peut donner lieu à différentes traces : un enregistrement au magnétophone, un texte écrit. Ces écrits peuvent être donnés à d'autres personnes qui peuvent les lire et partager avec lui les informations transcrites. Il y a là de multiples découvertes nécessaires des fonctions, du sens, tout autant que des aspects perceptifs de l'écrit.

Diverses créations de livres peuvent être proposées ou souhaitées par les enfants, une fois comprises certaines fonctions de l'écrit, et lorsqu'ils peuvent s'imaginer eux-mêmes comme auteurs, avec une visée vers des lecteurs (eux-mêmes ou d'autres personnes) : on peut ainsi fabriquer le livre du séjour de quelques jours dans un centre aéré, celui de l'histoire inventée en classe, le scénario de la scène théâtrale que l'on va jouer, le catalogue des monstres les plus affreux, voire le dictionnaire des mots qu'on apprend à écrire, etc. Ces livres sont ensuite adressés à leurs lecteurs : l'un circule dans les familles et peut servir de support à des échanges sur la vie de la classe, un autre est lu à un groupe d'enfants, d'autres encore servent de ressource à la classe dans certaines activités...

A travers ces activités de production d'écrits, les enfants sont conduits à prendre le langage comme objet et à s'initier à des manipulations de type métalinguistique :
- Distinguer ce qui est dit et ce qu'on veut signifier (niveau métapragmatique) ; exemple :

■ **On écrit une lettre pour inviter d'autres enfants (classe de petits)**

M – classe   alors j'écris : on vous invite aussi à venir manger des gâteaux
Nic - M   oui, mais on dit pas quand ils vont venir !
M - Nic   ah, c'est vrai, ça ! on n'a pas dit la date !

Nic a repéré que la date discutée et proposée pour la visite n'a pas été écrite dans la lettre.

- Réfléchir sur le choix des mots appropriés (niveau métalexical et métasémantique) ; exemple :

> ■ **On invente les dialogues d'un scénario (classe de moyens)**
> Ver - M   alors il lui dit : s'il te plaît, tu veux bien me dire où est parti le chat ?
> Mag - Ver   non il dit pas ça
> il le connaît pas, alors il dit : s'il vous plaît...

Des échanges fructueux peuvent ainsi prendre place entre enfants au cours de ces activités et contribuer à une sensibilisation métalinguistique nécessaire à l'apprentissage ultérieur de la lecture et de l'écriture.

La maîtrise métaphonologique

Une initiation ponctuelle dans ce domaine peut commencer assez tôt, et pas seulement au cours des moments de langage proprement dits. Elle a toute sa place par exemple pendant les activités musicales, où on va entraîner les enfants à distinguer des sons différents, à l'écoute et en production, où on va repérer les rimes de la chanson. Ces activités de discrimination et de découpage de la phrase musicale se prolongent par des exercices de segmentation de la chaîne parlée : reconnaître à l'intérieur des mots, unités signifiantes, d'autres types d'unités, linguistiques, correspondant aux phonèmes ; repérer avec les plus grands, des correspondances entre phonèmes et graphèmes.

Ici encore des activités de catégorisation ont toute leur place : relever des indices linguistiques (lettres, groupes de lettres, mots) et les classer en comparant différentes étiquettes correspondant à des écrits familiers (prénoms, marques de produits de consommation, menus, titres de livres, etc.) ; inventer des jeux de rimes, des jeux de mots avec les indices prélevés...

Une telle initiation est une préparation à l'entrée dans l'écrit en cycle 2. On sait que les capacités métaphonologiques constituent un fort prédicteur en grande section, des capacités en lecture en fin de CP, et il est important de commencer à les travailler avant les apprentissages fondamentaux, afin de réduire d'autant la charge cognitive au moment de l'appropriation de l'écrit en tant que tel. Mais il ne s'agit que d'une initiation, l'activité métalinguistique proprement dite étant plus tardive : il s'agit d'aider l'enfant à mettre en place ces procédures de traitement de l'oral et de l'écrit, qu'il utilisera ensuite de manière de plus en plus automatisée, dans un processus d'intériorisation progressive du contrôle des activités langagières. Ceci prendra quelques années... il ne faut donc pas anticiper.

La maîtrise des gestes et des instruments de l'écriture

Écrire, c'est réaliser une trace signifiante pour autrui, avec des signes conventionnels ; c'est aussi disposer d'un certain registre de gestes, d'un contrôle moteur et de l'attention, savoir utiliser selon certaines règles un espace délimité, pouvoir copier ou inventer des éléments écrits... C'est donc à la fois donner et trouver du sens, et maîtriser quelques habiletés spécifiques ou plus globales.

Comme pour la maîtrise métaphonologique, la préparation à l'écriture peut avoir toute sa place aussi dans d'autres activités, dès lors que l'on travaille la motricité globale : suivi d'un rythme par le geste, le graphisme ou la voix ; reproduction ou complètement de motifs graphiques, etc.

En atelier d'écriture, les enfants commencent par des exercices de copie à main guidée, puis de copie visuelle avec un modèle à distance plus ou moins proche, et maîtrisent ainsi progressivement le contrôle de la posture, celui des rotations, de la direction du tracé dans un espace de plus en plus contraignant (une feuille, une portion de feuille, l'espace entre deux lignes de plus en plus rapprochées). Ici encore la visée vers autrui est un élément important du travail : le graphisme et l'écrit doivent être lisibles et compréhensibles ; on va ainsi guider les ajustements nécessaires.

La réalisation d'un livre dans la classe, la consultation d'écrits doivent permettre d'attirer l'attention de l'enfant sur les éléments caractéristiques des écrits : l'occupation de l'espace de la page, le tracé et la taille des lettres, les espaces entre les mots, la ponctuation, les différences typographiques, etc. On peut ainsi travailler la mise en page, le titrage, la relation entre les éléments écrits et les éléments imagés, en rapportant ces préoccupations à la visée vers un destinataire et au sens communiqué.

3 Pour ne pas conclure

Au terme de ce chapitre, nous tenons à souligner et à rappeler que nous n'avons pas eu la prétention de proposer un manuel de la pédagogie du langage à l'école maternelle, ni un inventaire des activités dans ce domaine. Nous avons souhaité, à partir du repérage de quelques éléments-clé dégagés de différents travaux de recherche sur le développement de l'enfant et la psycholinguistique, proposer des pistes de travail illustrées de quelques exemples ; il appartient bien sûr à chacun de les adapter, de les compléter.

Ces propositions ont été expérimentées, pour la plupart, dans des classes où sont scolarisés des enfants de différents milieux sociaux, y compris une proportion élevée d'élèves de milieux dits défavorisés ; à l'entrée à l'école ou en début d'année, leurs capacités langagières sont évaluées en termes plus souvent négatifs que positifs par les enseignants, et il apparaît vite que bien des fonctions du langage scolaire sont pour eux, encore plus que pour d'autres enfants, assez éloignées de celles qu'ils mettent en œuvre en dehors de l'école. Mais on peut rapidement faire l'expérience avec eux qu'ils sont prêts à « jouer le jeu », à participer avec sérieux et intérêt à des activités qu'il peut quelquefois sembler difficile de proposer à des jeunes élèves.

Le problème est moins dans la difficulté que dans le sens que les élèves peuvent attribuer aux activités et aux situations scolaires, et dans les conditions de pratique qui leur sont offertes. Aussi est-il important de considérer les enfants tels qu'ils sont, avec leurs savoirs et leurs savoir-faire, leurs difficultés et leur immaturité, plutôt que tels qu'ils « devraient être », et de se demander en quoi les activités proposées les aident à donner sens à leur vie quotidienne, à les guider dans les interactions avec leurs partenaires et à s'insérer dans leur culture.

Les groupes conversationnels proposés ne sont que des moyens pour faciliter ce travail de chacun, cette découverte de la communication en groupe, de la verbalisation et de l'accès à la culture de l'écrit. Mais ils paraissent une étape incontournable dans le développement des compétences langagières des jeunes enfants en milieu scolaire, entre la gestion des situations de dialogue et celle, autrement plus ardue encore, de la participation verbale à un groupe-classe : ils permettent de véritables échanges entre enfants et avec l'enseignant, et une intériorisation des stratégies langagières. Une fois consolidées, les nouvelles habiletés doivent pouvoir s'exercer dans des situations plus contraignantes, avec des groupes plus larges et plus diversifiés, des thèmes moins familiers.

Pour cela, encore faut-il que l'enseignant ne se contente pas d'apporter ses propres informations et son savoir, mais soit à l'écoute des intérêts des enfants et de leurs propres savoirs : ils constituent un matériau important de la communication en classe et des verbalisations. Outre les références livresques et les contes populaires, les expériences personnelles des enfants, y compris à travers des cultures différentes, la vie et l'aménagement du quartier, les émissions de télévisions et leurs héros – personnes réelles ou héros imaginaires –, l'actualité mondiale, la réalisation de projets peuvent constituer autant de points de départ et de thèmes passionnants pour le travail des conduites langagières, y compris pour défendre des points de vue différents et développer le sens critique.

CONCLUSION

Langage et culture : apprendre à vivre ensemble

Pour conclure cet ouvrage, nous souhaitons rappeler que, pas plus que le langage ne se construit indépendamment des autres grandes fonctions psychologiques et de lois générales du développement, la pédagogie du langage ne peut être isolée de celle des autres domaines d'activités et de principes éducatifs généraux. Sinon, elle risquerait d'être vite sclérosée, et coupée de signification pour les différents acteurs.

L'école développe sa propre culture, ses propres valeurs, mais elle est aussi l'un des lieux privilégiés pour la mise en œuvre du processus d'acquisition culturel, pour insérer l'enfant dans sa culture et façonner la personne en développement. Pour Vygotsky, l'enseignement doit précéder le développement : il ne s'agit pas là d'un plaidoyer pour les apprentissages précoces, mais d'une affirmation du rôle fondamental de l'enseignement pour stimuler les processus évolutifs, qui s'oppose donc à la conception selon laquelle le niveau de développement détermine les capacités d'apprentissage. Selon cette optique, il appartient donc à l'enseignant de comprendre comment chaque enfant particulier structure ses connaissances, tout en reconnaissant que les apprentissages de celui-ci ont commencé bien avant l'entrée à l'école (voir chap. 2) : c'est ainsi qu'il pourra solliciter efficacement les élèves, leur permettre de réaliser d'abord en collaboration et avec aide ce qu'ils pourront effectuer seuls quelque temps après, en intériorisant progressivement les actions réalisées.

En construisant son langage avec l'aide de ses partenaires, adultes et pairs, le jeune enfant s'approprie ce que le langage transmet comme expériences, émotions et connaissances. Il n'y a pas de langage sans signification, il ne peut donc exister d'activité langagière efficace sans que les jeunes élèves puissent lui trouver un sens. Les enfants savent très tôt que le langage permet d'agir sur autrui, à défaut d'avoir développé des habiletés réellement efficaces pour l'utiliser en tant que tel ; mais, pour être compétents, encore faut-il qu'ils aient des interlocuteurs eux-mêmes compétents, c'est-à-dire capables de reconnaître ces habiletés et d'y répondre d'une manière contingente : tel est le cas du bébé capable de faire comprendre à l'adulte quel est son centre d'intérêt et l'action qu'il souhaite entreprendre, dans la mesure où son partenaire est suffisamment attentif aux messages qu'il lui adresse régulièrement et qu'il y répond de manière prévisible pour le bébé (voir chap. 3).

Lorsqu'ils entrent à l'école maternelle, les enfants ont fait l'expérience de partenaires différents, plus ou moins « compétents » de ce point de vue, et leur appétit de communication avec les adultes peut être assez différent. Mais quoiqu'il en soit, les adultes de l'école constituent de nouveaux partenaires, avec lesquels de nouvelles habiletés sont à construire : cette construction sera d'autant facilitée qu'ils seront eux-mêmes des interlocuteurs « compétents », capables de reconnaître les habiletés des enfants et leurs difficultés à communiquer du sens, capables aussi d'entrer dans la culture enfantine, de rendre leur propre langage compréhensible, aux significations explicites, et manifestant un réel désir de communication. Alors, les situations langagières prennent sens, et les enfants ont des repères, qui permettent d'aller au-delà, d'assurer le passage de la communication à la verbalisation, de travailler le langage en le prenant comme objet, de le détacher de son sens, c'est-à-dire des raisons pour lesquelles on parle et on écrit : on peut ainsi s'initier à des activités métalinguistiques, prélude à l'acquisition de la lecture et de l'écriture.

Nous l'avons souligné dès l'introduction : la pédagogie de l'oral ne doit pas uniquement constituer un tremplin au travail sur l'écrit. Ce serait vider l'oral d'une partie de son sens, ignorer ses fonctions spécifiques et ses règles de fonctionnement particulières (voir chap. 2). Les éléments que nous avons proposés (voir chap. 4 et 5) peuvent constituer, nous l'espérons, des contributions à une telle pédagogie. Pour les avoir expérimentés dans des classes avec des enfants considérés comme ayant des difficultés de langage, ils nous paraissent avoir des effets rapidement positifs qui peuvent se maintenir sur une certaine durée. Ils ne sont pas exclusifs d'autres modes d'intervention, qui, par exemple, prendraient comme point de départ des activités psychomotrices ou favoriseraient la participation des familles à certains moments de vie de la classe. Mais il s'agit là d'activités non substituables, et plutôt complémentaires. On ne peut faire l'économie d'un travail sur les activités de langage elles-mêmes, telles qu'elles sont conduites par l'enseignant en personne. Les comportements de chacun ont des aspects spécifiques dans ces activités et il est important d'en faire l'analyse et de les travailler.

En outre, ces comportements sont, pour une part, interdépendants : ceux de l'enseignant dépendent des connaissances des enfants, de leur mode de participation ; ceux des enfants dépendent des modes de sollicitation et de réponse de l'adulte ; ils peuvent apparaître relativement différents avec d'autres partenaires. Mais c'est bien avec cet adulte-là que se joue le travail dans la classe et les difficultés ou les oppositions éventuelles : c'est donc avec lui qu'il faut pouvoir élaborer de nouveaux fonctionnements et tenter de régler ces problèmes ; le travail avec d'autres adultes prend son sens dans des actions de remédiation ou de compensation, qui peuvent s'avérer par ailleurs fort utiles.

Le développement des capacités langagières, et notamment conversationnelles, doit pouvoir prendre place très tôt à l'école maternelle. En effet les comportements participatifs se mettent en place dès les débuts de la scolarité et les positions individuelles de grands, moyens ou faibles parleurs dans la classe tendent rapidement à se figer, et ce pour plusieurs années. En outre, ces comportements précoces, en association avec quelques autres, telle la manière de suivre le rythme de la classe, les capacités d'attention, constituent des prédicteurs de la réussite scolaire à l'école primaire (Florin, 1991). Aussi convient-il d'intervenir dans ce domaine avant que les difficultés se cristallisent et deviennent insurmontables.

Nous voudrions terminer ces quelques lignes en donnant une place spéciale aux tout-petits, aux enfants de moins de trois ans, accueillis de plus en plus nombreux à l'école maternelle, notamment dans les zones d'éducation prioritaires. Rappelons que l'école maternelle n'a pas été organisée pour eux, mais pour des enfants de trois à six ans ; rappelons aussi qu'elle a souvent déployé des efforts importants et des trésors d'imagination pour accueillir au mieux ces nouveaux élèves. On ne connaît pas encore très bien les effets d'une telle scolarisation précoce[1], mais il semble qu'elle puisse avoir, au moins à court terme, des effets positifs sur certains aspects des conduites langagières chez les enfants de milieux sociaux défavorisés. En outre elle constitue souvent la seule réponse possible aux besoins de garde de familles plus ou moins en difficulté.

Quels que soient ces effets, à court et à long terme, on ne peut que souhaiter un développement de la réflexion sur la scolarisation des tout-petits – encore un peu bébés et pas tout à fait élèves. On ne peut avec eux avoir les mêmes attentes qu'avec des enfants plus âgés, on ne peut leur proposer des activités similaires, notamment dans le domaine du langage, même si leurs facultés d'adaptation apparaissent souvent considérables. Il faut donc, encore plus avec eux qu'avec leurs aînés, partir de ce qu'ils sont pour pouvoir les insérer dans ce nouveau lieu de vie qu'est l'école. D'autres structures accueillent des tout-petits, avec des objectifs, des moyens, des méthodes différents de ceux de l'école. Les enfants ont sûrement beaucoup à gagner des échanges entre professionnels de la petite enfance sur leurs pratiques, comme le montrent quelques expériences locales dans ce domaine.

L'accueil des tout-petits constitue probablement l'un des principaux défis pour l'école maternelle française, actuellement, avec l'intégration sociale des enfants de familles en difficulté. Apprendre à parler et à se parler, apprendre à vivre ensemble, en sont, à notre sens, des dimensions majeures.

---

1   Les quelques résultats disponibles sont en effet assez contradictoires, et quelquefois difficilement interprétables. Nous réalisons actuellement une recherche inter-universitaire sur cette question, avec des collègues des Universités de Nantes, Poitiers et Tours, et plusieurs centaines d'enfants scolarisés dans ces trois sites.

BIBLIOGRAPHIE

Austin J.N., *Quand dire c'est faire*, Paris, Le Seuil, 1970. Traduction de « How to do things with words », 1962.

Bachmann C., Lindenfeld J., Simonin J., *Langage et communications sociales*, Paris, Hatier, 1981.

Bandura A., *L'apprentissage social*, Bruxelles, Mardaga, 1980.

Baudonnière P.M., *L'évolution des compétences à communiquer chez l'enfant*, Paris, PUF, 1988.

Beaudichon J., Verba M., Winnykamen F., « Interactions sociales et acquisition de connaissances chez l'enfant », *Revue internationale de psychologie sociale*, 1988, *1*, 129-141.

Benveniste E., *Problèmes de linguistique générale*, Paris, Gallimard, 1966.

Bernicot J., *Les actes de langage chez l'enfant*, Paris, PUF, 1992.

Bernoussi M., Florin A., « La notion de représentation : de la psychologie générale à la psychologie sociale et la psychologie du développement », *Enfance* (à paraître, 1995).

Bernstein B., *Langage et classes sociales*, Paris, Éditions de Minuit, 1975.

Bideaud J., Houdé O., Pédinielli, *L'homme en développement*, Paris, PUF, collection Premier Cycle, 1993.

Bibliographie

Bloom L., Lahey M., *Language Development and Language Disorders*, New York, Wiley, 1978.

Bourdieu P., *Ce que parler veut dire. L'économie des échanges linguistiques*, Paris, Fayard, 1982.

Bruner J.S., *Le développement de l'enfant. Savoir faire, savoir dire*, textes traduits et présentés par Michel Deleau, Paris, PUF, 1983.

Bruner J.S., *... Car la culture donne forme à l'esprit. De la révolution cognitive à la psychologie culturelle*, Eshel, 1991.

Caron J., *Précis de psycholinguistique*, Paris, PUF, 1992.

Chomsky N., *Aspects of Theory of Syntax*, Cambridge, Mass., MIT Press, 1965.

Chomsky N., *Réflexions sur le langage*, Paris, Maspéro, 1979.

Chomsky N., *Syntactic Structures*, La Haye, Mouton, 1957.

Collectif, *Grand dictionnaire de la psychologie*, Paris, Larousse, 1991.

Crahay M., « Contraintes de situation et interaction maître-élèves : changer sa façon d'enseigner », *Revue Française de Pédagogie*, 1989, 88, 67-94.

De Landsheere G., Bayer E., *Comment les maîtres enseignent. Analyse des interactions en classe*, Bruxelles, ministère de l'Éducation et de la Culture, 1969.

Doise W., Mugny G., *Le développement social de l'intelligence*, Paris, InterÉditions, 1981.

Durif D., *Quel langage en maternelle ?*, Armand Colin-Bourrelier, Pratique pédagogique, 1986.

Ehrlich S., *Apprentissage et mémoire chez l'homme*, Paris, PUF, 1975.

Espéret E., « Langage, milieu et intelligence : conceptions développées par B. Bernstein », *Bulletin de Psychologie*, 1975-76, 29, 10-35.

Fayol M., Gombert J.E., Lecocq P., Sprenger-Charolles L., Zagar D., *Psychologie cognitive de la lecture*, Paris, PUF, 1992.

Fayol M., *Le récit et sa construction*, Neuchâtel, Delachaux et Niestlé, 1985.

Ferreiro E., *Les relations temporelles dans le langage de l'enfant*, Genève, Droz, 1971.

Fijalkow J., *Mauvais lecteurs pourquoi ?*, Paris, PUF, 1986.

Florin A., « La maîtrise de la langue à l'école maternelle », *Journal des Psychologues*, n° 123, décembre / janvier, 1994-95, 28-31.

Florin A., « Les connaissances lexicales des enfants d'école primaire », *Repères*, n° 8, « Pour une didactique des activités lexicales à l'école », 1993, 93-112.

Bibliographie

Florin A., « Les représentations enfantines de l'école : étude exploratoire de quelques aspects », *Revue Française de Pédagogie*, 1987, *81*, 31-42.

Florin A., « Modèles éducatifs à l'école maternelle : des textes officiels aux pratiques des classes. L'exemple des activités de langage », *Enfance*, 1989, *42*, n° 3, 75-93.

Florin A., Braun-Lamesch M.M., Bramaud du Boucheron G., *Le langage à l'école maternelle*, Bruxelles, Mardaga, 1985.

Florin A., *Pratiques du langage à l'école maternelle et prédiction de la réussite scolaire*, Paris, PUF, collection « Croissance de l'enfant, genèse de l'homme », 1991.

Fodor J.A., *Modularity of mind*, Cambridge, MIT Press, 1983. Traduction française : *La modularité de l'esprit*, Paris, Éditions de Minuit, 1986.

François F., « Analyse linguistique, normes scolaires et différenciation socioculturelle », *Langages*, 1980, *59*, 25-52.

François F., Hudelot C., Sabeau-Jouannet E., *Conduites linguistiques chez le jeune enfant*, Paris, PUF, 1984.

Gaonac'h D., Golder C., coordonné par, *Manuel de psychologie pour l'enseignement*, Paris, Hachette Éducation, Profession enseignant, 1995.

Gombert J.E., « Le rôle des capacités métalinguistiques dans l'acquisition de la langue écrite », *Repères*, n° 3, « Articulation oral / écrit », 1994, 143-156.

Gombert J.E., *Le développement métalinguistique*, Paris, PUF, 1990.

Hébrard J., « Apprendre à lire à l'école en France : un siècle de recommandations officielles », *Langue Française*, 1988, n° 80, 111-128.

Hoff-Ginsberg E., « Mother-child conversation in different social classes and communication settings », *Child Development*, 1991, *62*, 782-796.

Hymes D.H., « On communicative competence », in J.B. Pride & J. Holmes (eds), *Sociolinguistics*, London, Penguin, 1972.

Kail M., « L'acquisition du langage repensée : les recherches interlangues », a) Principales propositions théoriques, *Année Psychologique*, 1983, *83*, 225-258 ; b) Spécificités méthodologiques et recherches empiriques, *Année Psychologique*, 1983, *83*, 561-596.

Kail M., « Les comparaisons interlangues », in *Le Courrier du CNRS*, Sciences cognitives, 1992, n° 79, 22.

Khomsi A., « Interactions de tutelle et rééducation : les stratégies de compensation », Université de Nantes, Laboratoire de Psychologie, document de travail non publié, 1992.

Labov W., *Sociolinguistique*, Paris, Éditions de Minuit, 1976.

Bibliographie

Lautrey J., *Classe sociale, milieu familial, intelligence*, Paris, PUF, 1980.

Legrand A., *Le système E. L'école... de réformes en projets*, Paris, Denoël, 1994.

Legrand L., *Les politiques de l'éducation*, Paris, PUF, Que sais-je ?, 1988.

McClelland J.R., Rumelhart D.E., and the PDP Research Group, *Parallel distributed processing: explorations in the microstructure of cognition*, (2 vol.), Cambridge, MA, Mit Press, 1986.

Mehler J., Dupoux E., *Naître humain*, Paris, Odile Jacob, 1990.

Mettoudi Ch., Yaïche A., *Travailler par cycles,. A l'école de la petite section au CM2 en français*, Paris, Hachette Éducation, 1993.

Ministère de l'Éducation nationale, Circulaire n° 77-266 du 2 août 1977, in *Bulletin Officiel de l'Éducation nationale*, 1977, n° 30, 2313-2338.

Ministère de l'Éducation nationale, de la Jeunesse et des Sports, Direction des Écoles, *La maîtrise de la langue à l'école*, Paris, Centre national de Documentation pédagogique & Savoir Livre, collection « Une école pour l'enfant, des outils pour les maîtres », 1992.

Ministère de l'Éducation nationale, de la Jeunesse et des Sports, Direction des Écoles, *Les cycles à l'école primaire*, Paris, Centre national de Documentation pédagogique & Hachette, collection « Une école pour l'enfant, des outils pour les maîtres », 1991.

Ministère de l'Éducation nationale, *L'école maternelle. Son rôle, ses missions*, Paris, Centre national de Documentation pédagogique & Le Livre de Poche, 1986.

Ministère de l'Éducation nationale, Direction des Écoles, Programme pour l'école primaire, *Bulletin Officiel de l'Éducation nationale*, 1995, numéro spécial n° 5, 3-20.

Nelson K., « Individual differences in language development : implications for development and language », *Developmental Psychology*, 1981, *17*, 170-187.

Pécheux M.G., « Le développement du bébé dans un contexte social », in R. Lécuyer, M.G. Pécheux, A. Stréri (eds), *Le développement cognitif du nourrisson*, tome 1, Paris, Nathan Université, 1994.

Piaget J., *La formation du symbole chez l'enfant*, Neuchâtel, Delachaux et Niestlé, 1946.

Plaisance E., *L'enfant, la maternelle, la société*, Paris, PUF, 1986.

Pomerleau A., Malcuit G., *L'enfant et son environnement*, Bruxelles, Mardaga, 1983.

Pradel N., *A l'école à deux ans, pourquoi pas ?*, Hachette Éducation, Pédagogies pour demain, 1994.

Bibliographie

Prost A., *L'enseignement en France : 1800-1967*, Paris, A. Colin, 1968.

Py G., *L'enfant et l'école maternelle : les enjeux*, Armand Colin, Formation des enseignants, 1993.

Reuchlin M., Psychologie différentielle du langage, in J.A. Rondal & J.P. Thibaut (eds.), *Problèmes de psycholinguistique*, Bruxelles, Mardaga, 1987.

Reuchlin M., *Psychologie*, Paris, PUF, 1986.

Richman A.L., Miller P.M., LeVine R.A., « Cultural and educational variations in maternal responsiveness », *Developmental Psychology*, 1992, 28, 614-621.

Rolland M.C., *Enseigner aujourd'hui à l'école maternelle*, Ellipses, Formation des professionnels de l'Éducation nationale, 1994.

Rondal J.A., *Langage et éducation*, Bruxelles, Mardaga, 1978.

Rondal J.A., *L'interaction adulte-enfant et la construction du langage*, Bruxelles, Mardaga, 1983.

Schneuwly B., Bronckart J.P., *Vygotsky aujourd'hui*, Neuchâtel, Delachaux et Niestlé, collection Textes de Base, 1985.

Searle J.R., *Les actes de langages*, Paris, Hermann, 1972. Traduction de *Speech acts*, Cambridge, Cambridge University Press, 1969.

Searle J.R., Vanderveken D., *Foundations of Illocutionary Logic*, Cambridge, Cambridge University Press, 1985.

Segui J., « La fabrique du langage », *Sciences et avenir*, 1994, n° hors série, l'esprit-cerveau, p. 50-53.

Seibel C., « Genèses et conséquences de l'échec scolaire : vers une politique de prévention », *Revue Française de Pédagogie*, 1984, 67, 7-28.

Simonpoli J.F., *Apprendre à communiquer*, Paris, Hachette Éducation, 1991b.

Simonpoli J.F., *La conversation enfantine*, Paris, Hachette Éducation, 1991a.

Sirota R., « La classe : un ensemble désespérément vide ou un ensemble désespérément plein ? », *Revue Française de Pédagogie*, 1987, 80, 69-89.

Skinner B.F., *L'analyse expérimentale du comportement*, Bruxelles, Dessart, 1971.

Stubbs M., Delamont S., *Explorations in Classroom Observations*, Londres, Wiley, 1976.

Stubbs M., *Langage spontané, langage élaboré. Parole et différences à l'école élémentaire*, Paris, Armand Colin-Bourrelier, 1983.

Vygotsky L.S., *Pensée et langage*, Paris, Messidor / Éditions sociales. Paru en russe en 1934 ; traduction française de F. Sève, 1985.

Bibliographie

Wallon H., *Les origines du caractère chez l'enfant*, Paris, PUF, 1949.

Weil-Barais A., *L'homme cognitif*, Paris, PUF, collection Premier Cycle, 1993.

Wertsch J.V., Sammarco J.G., « Précurseurs sociaux du fonctionnement individuel : le problème des unités d'analyse », in R.A. Hinde, A.N. Perret-Clermont, J. Stevenson-Hinde (eds), *Relations inter-personnelles et développement des savoirs*, 1988, Cousset, Delval.

Wilkinson L.C., *Communicating in the Classroom*, New York, Academic Press, 1982.

Winnykamen F., *Apprendre en imitant ?*, Paris, PUF, 1991.

Zazzo R. (ed.), *L'attachement*, Neuchâtel, Delachaux et Niestlé, 1979.

Introduction 3

Chapitre 1
Les objectifs de l'école maternelle **9**

1   L'après 68 et les idées libertaires : les orientations de 1977 **10**
   1. Le rôle traditionnel de l'école maternelle **10**
   2. Les objectifs de 1977 **11**

2   Élévation du niveau de formation et préparation des futurs citoyens : les orientations de 1986 **13**
   1. Les objectifs de 1986 **13**
   2. Expression et apprentissages **14**
   3. La place du langage **15**
   4. L'évolution depuis 1977 **16**

3   La loi de 1989 sur l'Éducation et ses conséquences pour l'école maternelle **18**
   1. Les compétences à développer dans chaque cycle **20**
   2. Les principes généraux **22**

4   Les orientations actuelles **25**
   1. Les continuités et les éléments nouveaux **25**
   2. Les domaines d'activités **26**
   3. Les instruments pour apprendre **32**
   4. Le sens de ces nouveaux textes **34**

5   En guise de conclusion **42**

Chapitre 2
Le langage ou les conduites langagières ? **45**

1 Les conditions de l'acquisition **46**
  1. Le courant béhavioriste **47**
  2. Le courant maturationniste et les travaux de Chomsky **50**
  3. Les perspectives cognitives actuelles **53**
  4. La perspective interactionniste et dynamique **56**
  5. L'approche pragmatique **59**

2 Les étapes de l'acquisition **63**
  1. Les débuts de la socialisation **63**
  2. L'émergence du langage **66**
  3. Le développement langagier **69**

3 Conclusion : une longue histoire... **78**

Chapitre 3
Les différences interindividuelles et le rôle des partenaires dans les apprentissages langagiers **81**

1 Les différences interindividuelles **82**
  1. Quelles différences interindividuelles dans les conduites langagières ? **83**
  2. Les différences d'aptitudes **86**
  3. Les aspects sociolinguistiques **87**
  4. Les styles individuels et la pluralité des voies de développement **98**

2 Le rôle des partenaires de l'enfant dans les apprentissages langagiers **101**
  1. L'adaptation du langage de l'adulte **102**
  2. Les mécanismes impliqués dans les modalités sociales de l'acquisition de connaissances **108**

Chapitre 4
Les pratiques langagières à l'école maternelle **115**

1 La spécificité des situations conversationnelles **116**
  1. Le choix des situations observées et le recueil des données **118**
  2. Qui parle et comment ? **122**
  3. Thèmes des séances et fonction des énoncés **124**

2 Les pratiques des enseignants et l'expression des enfants **128**
  1. Les caractéristiques générales **128**
  2. La participation des enfants **130**

3 Les objectifs académiques et la diversité des enfants **133**
  1. Les expérimentations effectuées **134**

2. Les résultats obtenus **134**
3. Privilégier la personne, sa spécificité et la souplesse adaptative **135**

Chapitre 5
Développer la maîtrise de l'oral, s'initier à l'écrit **141**

1 Quelques éléments-clés pour les activités de langage **142**
 1. La genèse des conduites langagières **142**
 2. La diversité interindividuelle et le rôle des partenaires dans les apprentissages langagiers **143**
 3. Les pratiques du langage à l'école maternelle et la diversité **144**
 4. Les orientations pour les activités de langage à l'école maternelle **145**

2 Propositions de mise en pratique **146**
 1. Quand peut-on travailler (sur) le langage ? **146**
 2. La prise en charge du groupe en début d'année **148**
 3. La mise en place de groupes conversationnels **151**
 4. Le travail sur le langage oral **156**
 5. L'initiation à l'écrit **169**

3 Pour ne pas conclure **174**

Conclusion
Langage et culture : apprendre à vivre ensemble **177**

Bibliographie 181